Sicher ist sicher. Bei aller Sorgfalt, die wir in der Recherche haben walten lassen, können sich Öffnungszeiten auch einmal kurzfristig ändern, oder ein Lokal ist gerade in Ihrer perfekten Südtirol-Woche ausgebucht oder geschlossen. Darum empfehlen wir grundsätzlich möglichst weit im Voraus zu reservieren. Ein kurzer Anruf genügt und Sie können sicher sein zur vereinbarten Zeit einen Platz zu finden.

© Süddeutsche Zeitung GmbH, München
für die Süddeutsche Zeitung Edition
in Kooperation mit smart-travelling GbR, Berlin
Reihe „Eine perfekte Woche ..."

Konzept und Redaktion: Nancy Bachmann, Nicola Bramigk
Texte: Nancy Bachmann, Sabine Danek
Fotos: Florence Haferl, Wolfgang Stahr (S. 184 – 185)
Gestaltung und Illustration: Rahel Streiff

Projektmanagement: Michaela Adlwart, Sabine Sternagel
Litho: Matthias Worsch
Herstellung: Thekla Licht, Hermann Weixler
Druck und Bindung: Kessler Druck + Medien, Bobingen

2. aktualisierte Auflage Juli 2011

ISBN: 978-3-86615-850-4

SMART
TRAVELLING

EINE PERFEKTE WOCHE ...
IN SÜDTIROL

www.smart-travelling.net

LIEBLINGSADRESSEN IN SÜDTIROL

IN UND UM BOZEN
Seite 12

Hotel/Restaurant/Bar:
Parkhotel Laurin
Laurin Straße 4, 39100 Bozen
Tel: 0039 0471 311000
Seite 14

Hotel:
Hotel Greif
Waltherplatz, 39100 Bozen
Tel: 0039 0471 318000
Seite 22

Hotel/Restaurant:
Gasthof Kohlern
Kohlern 11, 39100 Bozen
Tel: 0039 0471 329978
Seite 26

Restaurant:
Kohlerhof
Virgl 10, 39100 Bozen
Tel: 0039 0471 971432
Seite 32

Restaurant:
Kinighof
39054 Signat
Tel: 0039 0471 365047
Seite 38

LIEBLINGSADRESSEN IN SÜDTIROL

Café:
Officina del Gelo Avalon
Freiheitsstraße 44, 39100 Bozen
Tel: 0039 0471 260434
Seite 44

Aktion:
Stadtbummel durch Bozen
Seite 50

ÜBERETSCH UND
UNTERLAND
Seite 60

Hotel/Restaurant:
Zirmerhof
Oberradein 59, 39040 Radein
Tel: 0039 0471 887215
Seite 62

Restaurant:
Schönrastalm
Lerch 43, 39040 Aldein
Tel: 0039 0471 886731
Seite 72

Hotel/Restaurant:
Gasthof Krone
Dorfplatz 3, 39040 Aldein
Tel: 0039 0471 886825
Seite 78

LIEBLINGSADRESSEN IN SÜDTIROL

Bar/Aktion:
Weinschenke Paradeis
St. Gertraud Platz 5, 39040 Margreid
Tel: 0039 0471 809580
Seite 84

Aktion:
Weingut Manincor
St. Josef am See 4, 39052 Kaltern
Tel: 0039 0471 960230
Seite 90

VOM EISACKTAL INS
PUSTERTAL
Seite 100

Hotel/Restaurant:
Gasthof Bad Dreikirchen
Dreikirchen 12, 39040 Barbian
Tel: 0039 0471 650055
Seite 102

Hotel/Restaurant:
Briol
39040 Barbian-Dreikirchen
Tel: 0039 0471 650125
Seite 110

Hotel/Restaurant:
Gasthof Krone
Dorfplatz 4, 39040 Lajen
Tel: 0039 0471 655635
Seite 120

LIEBLINGSADRESSEN IN SÜDTIROL

Aktion:
Degust
Eisackstraße 22, 39040 Vahrn
Tel: 0039 0471 849873
Seite 126

Restaurant:
Gasthof Oberraut
Amatner Str. 1, 39031 Bruneck
Tel: 0039 0474 559977
Seite 134

Aktion:
Ausflug zum Pragser Wildsee
Seite 142

VINSCHGAU UND
SCHNALSTAL
Seite 148

Hotel/Restaurant:
Hotel Zur Goldenen Rose
Karthaus 29, 39020 Schnalstal
Tel: 0039 0473 679130
Seite 150

Hotel/Restaurant:
Schöne Aussicht
Kurzras, 39020 Schnalstal
Tel: 0039 0473 662140
Seite 156

LIEBLINGSADRESSEN IN SÜDTIROL

Restaurant:
Schlosswirt Juval
Juval 2, 39020 Kastelbell-Tschars
Tel: 0039 0473 668056
Seite 166

MERAN UND UMGEBUNG
Seite 172

Hotel/Restaurant:
Vigilius Mountain Resort
Pawigl 43, 39011 Lana, Vigiljoch
Tel: 0039 0473 556600
Seite 174

Hotel:
Pergola Residence
St. Kassianweg 40, 39022 Algund
Tel: 0039 0473 201435
Seite 180

Restaurant:
Schnalshuber Hof
Oberplars 2, 39022 Algund
Tel: 0039 0473 447324
Seite 186

Restaurant:
Kallmünz
Sandplatz 12, 39012 Meran
Tel: 0039 0471 212917
Seite 194

☞ Weitere Adressen finden Sie unter www.smart-travelling.net

Café:
Café König
Freiheitsstraße 168, 39012 Meran
Tel: 0039 0473 237162
Seite 198

Aktion:
Pur Südtirol
Freiheitsstraße 35, 39012 Meran
Tel: 0039 0473 01214
Seite 202

GUT ZU WISSEN
Tipps, Ausflüge,
Spaziergänge
Seite 209 – 240

GLAMOURÖSE NATUR UND MEDITERRANES FLAIR

In keiner anderen Region treffen Nord und Süd so harmonisch aufeinander, vereinen sich schroffe Bergwelten, alpiner Lebensstil und mediterrane Leichtigkeit. Kommt man nach Bozen, ist man sogleich mittendrin. In der Altstadt erlebt man jahrhundertealte Tradition und Tiroler Urigkeit und spaziert man über die Talferbrücke, fühlt man sich gleich wie in einer italienischen città mit Eisläden, Trattorien und lautem Stimmengewirr. Sehnt man sich nach Sommerfrische mit traumhaften Ausblicken, ist man in nur wenigen Minuten auf den schönsten Gipfeln.

Südtirol zu entdecken, lohnt sich das ganze Jahr über: egal ob beim Wandern durch zartrosa blühende Obstplantagen, beim Schwimmen in kristallklaren Bergseen oder Sprizztrinken auf einer Aussichtsterrasse mit grandiosem Bergpanorama, ob beim „Törggelen" durch bunte Herbstlandschaften und von Buschenschank zu Buschenschank oder schließlich beim Skifahren durch Alta Badia in den Dolomiten.

Genauso vielfältig wie die Natur, von der man im Land zwischen Brenner und Salurner Klause umgeben ist, sind auch die Spezialitäten: hofgereifter Käse, würziger Speck, Knödel und Krapfen in allen Varianten und dazu frischer Vernatsch-Wein. Und hat man schließlich genug von bodenständiger Atmosphäre, gibt es jede Menge luxuriöse Hotels, moderne Kunst und zeitgenössische Architektur zu entdecken.

IN UND UM BOZEN

Südtirols Landeshauptstadt bezaubert durch ihre fantastische Lage. Sie liegt in einem freundlichen, nach Süden geöffneten Tal, wo die Flüsse Eisack, Talfer und Etsch zusammenkommen und ist von Obstplantagen, Weinbergen und den Hausbergen Kohlern, Virgl und Ritten umgeben.

Gegensätze ziehen sich an und genau sie machen die Besonderheit Bozens aus. Nord trifft auf Süd, mediterranes Flair auf Tiroler Urigkeit, Tradition auf Moderne.

In der Altstadt schlendert man durch malerische Gassen und Winkel, die berühmten Laubengänge entlang und genießt im Garten des Laurin jahrhundertealte Grandezza. Geht man über die Talferbrücke, ist man plötzlich mitten in Italien. In der Neustadt mit ihren monumentalen Bauten und Marmorfassaden reihen sich Trattorien und Eisläden aneinander, dazu schwirrt italienisches Stimmengewirr durch die Luft. Ein spannender Kontrast, verbunden durch das neu eröffnete Museion, einen spektakulären Raum für moderne und zeitgenössische Kunst, der genau zwischen den beiden Stadtteilen liegt.

Während Bozen im Winter von schneebedeckten Bergen umgeben ist, wird es in den Sommermonaten in dem Talkessel sehr heiß. Doch das ist kein Problem, denn so spannend wie Bozen selbst, ist auch seine alpine Umgebung. Dann nimmt man einfach eine Seilbahn – am schönsten ist es sicherlich, die historische hinauf auf den Kohlern zu benutzen – und kehrt in herrlich knackiger Bergluft in einem der Sommerfrischehäuser oder Buschenschänken ein.

Hotel Restaurant Café Bar Aktion // Interview Wissenswertes Rezept

PARKHOTEL LAURIN

100 Jahre alt ist das Parkhotel 2010 geworden, doch angestaubt ist es noch keineswegs. Franz Staffler hält das Grandhotel-Flair lebendig, verharrt dabei aber nicht in der Vergangenheit, sondern ist offen für alles, was Schönheit und Anspruch hat. Der stimmungsvolle Park des Laurin ist Kulisse für Filmnächte und moderne Kunstprojekte. Im Hotel hängen Kunstwerke aus der Sammlung des Hausherrn.

Kein Möbelstück und kein Stoff wird ohne ihn ausgesucht und für das Mobiliar gibt es eine hauseigene Tischlerei. Das zeigt sich auch in den Zimmern, die entweder antik mit weißen Kirschmöbeln, barock-romantisch oder im 50er Jahre Stil eingerichtet sind. Egal welcher der drei Stile: alles in den 100 Zimmern ist original und wurde in den 90er Jahren behutsam restauriert.

Im Laurin wohnen illustre Gäste – von Reinhold Messner über Wim Wenders bis hin zum Dalai Lama – und es ist zwar elegant, dennoch geht es dort sehr ungezwungen zu. Das liegt sicherlich auch an den Mitarbeitern, von denen manche bereits mehr als 20 Jahre im Laurin arbeiten und die Gäste mit schlafwandlerischer Gewandtheit umsorgen.

Aber auch für die Bozner selbst ist das Haus ein Treffpunkt, denn seine Grandezza, sein idyllischer Garten mitten in der Stadt und seine Terrasse, auf der man wunderbar einen Espresso oder Aperitivo trinken kann, machen es zu einem der schönsten Orte Bozens.

Parkhotel Laurin Adresse: Laurin. Straße 4, 39100 Bozen
Tel: 0039 0471 311000 Internet: www.laurin.it Preise: DZ inkl. Frühstück ab 138 Euro (wochentags) und ab 124 Euro (am Wochenende)

Hotel Restaurant Café Bar Aktion // Interview Wissenswertes Rezept

☞ 100 Jahre Laurin

Das Parkhotel Laurin wurde in den Jahren 1909/1910 von Maximilian Staffler, dem Großvater des heutigen Besitzers, erbaut. Und der hatte ein Fable für neueste Technik. Mit seinen Aufzügen, Staubsaugeranlagen und Lichtsignalen gehörte es bereits bei seiner Eröffnung zu einem der modernsten Hotels Europas.

Das luxuriöse und fortschrittliche Ambiente des Hauses genossen Fürsten-, Königs- und Kaiserfamilien. Der österreichische Thronfolger Franz Ferdinand war mit seiner Gattin Sophie Hohenburg gleich mehrmals zu Gast – und 1937 trafen sich im Laurin der damalige italienische König Viktor Emanuel und Mussolini zu einem Dinner.

Während des Zweiten Weltkrieges wurde das Haus bei Bombenangriffen stark beschädigt, wieder aufgebaut und 1998 schließlich mit viel Fingerspitzengefühl komplett renoviert. Der Charme der Jahrhundertwende blieb dabei erhalten und harmonisiert wunderbar mit zeitgemäßem Komfort.

Besonders beeindruckend ist es, wie erfolgreich die berühmten Fresken in der Laurin-Bar restauriert werden konnten, die während des Zweiten Weltkrieges teilweise zerstört und später weiß übermalt wurden. Heute erstrahlen sie wieder in leuchtenden Farben.

1911 gaben die Hauseigentümer den Zyklus bei Bruno Goldschmitt in Auftrag, der für den gerade aufkommenden Jugendstil stand. Direkt unter der vertäfelten Holzdecke zieht sich die Geschichte des Zwergenkönigs Laurin entlang, der mit Hilfe einer Tarnkappe die Königstochter Similde entführte. Er flüchtete mit ihr in seinen Garten. Doch seine wunderschönen berühmten Rosen verrieten ihn und aus Wut verwandelte er die Blumen in Steine.

👉 Parkrestaurant Laurin

Das Parkrestaurant des Laurin hat zwei Hauben, ist elegant und im schönsten Jugendstil gehalten. Dennoch kann man dort nicht nur fein und in mehreren Gängen dinieren, sondern auch eine wunderbare Käseauswahl mit einem Glas guten Lagrein kombinieren. Denn das Parkrestaurant hat die Käse des Südtiroler Käsepapstes Hansi Baumgartner auf der Karte, die rundweg ein Erlebnis sind.

Etwas lässiger geht es im Sommer auf der Gartenterrasse zu. Während man unter Bäumen sitzt, kann man dabei zuschauen, wie in der Openair-Küche saisonale Gerichte und vor allem Fisch zubereitet wird. Geliefert wird dieser für beide Küchen von einem ausgezeichneten Fischhändler.

Hotel Restaurant Café Bar Aktion // Interview Wissenswertes Rezept

☞ Laurin-Bar und Sommerlounge

Hier trifft sich tutto Bozen. Weit entfernt davon ein Touristen-Ort zu sein, ist man hier unter Menschen, die einen ausgezeichneten Drink schätzen. Entweder nimmt man ihn zwischen den Jugendstil-Fresken der Laurin-Bar ein oder im Sommer in der Loungebar im Garten. Immer donnerstags gibt es beim „Aperitivo lungo" (18.00 – 21.00 Uhr) Cocktails mit feinen Häppchen und jeder Menge mediterranem Lebensgefühl. Freitags untermalen Jazzmusiker die Szenerie mit den passenden Tönen und geben Konzerte, die legendär sind.

Hotel Restaurant Café Bar Aktion // Interview Wissenswertes Rezept

HOTEL GREIF

VERY PERSONAL

HOTEL GREIF

33 Zimmer – und jedes ist anders. Denn genauso viele Künstler gestalteten je eines von ihnen. So trifft zeitgenössische Kunst auf Werke des 18. und 19. Jahrhunderts, von Anselm Feuerbach bis Leo Putz. Auch sie sind Teil der Sammlung von Franz Staffler, denn das Hotel Greif gehört zum Laurin. Es ist sogar das ältere Haus, ehemals der Gasthof „Zum Schwarzen Greifen", der seit 1816 im Besitz der Familie Staffler ist. In der Gestaltung aber ist es moderner. Ist das Laurin das Grandhotel, so ist das Greif die individuellere Variante. Es gibt keine großartigen Gärten und auch keine spezielle Lobby, man hält sich vor allem in den Zimmern auf, kann aber Pool und Garten des Laurin mitbenutzen.

Eine eigene Terrasse hat das Greif aber. Auf ihr wird auch das ausgezeichnete Frühstück von Doris Grotter serviert. Sie bringt auf den Tisch, was sie schätzt – von frischem Obst, Speck, Käse vom Ritten und selbst gemachter Marillenmarmelade zu frisch gebackenem Kuchen. Und damit nicht genug. Die extra Karte lässt mit Eierspeisen, Porridge und sogar Zabaione mit Marsala so überhaupt keine Wünsche offen.

Blickt man von den lichten großzügigen Zimmern auf den quirligen Waltherplatz, so ist man dagegen auf der Terrasse im zweiten Stock wunderbar für sich. Obwohl das Greif zum Laurin gehört, führt Direktorin Doris Grotter das Haus in ihrem ganz eigenen Stil und verleiht ihm ein sehr persönliches Profil.

Hotel Greif   Adresse: Waltherplatz, 39100 Bozen
Tel: 0039 0471 318000   Internet: www.greif.it
Preise: DZ inkl. Frühstück ab 173 Euro (am Wochenende) und ab 192 Euro (wochentags)

Hotel Restaurant Café Bar Aktion // Interview Wissenswertes Rezept

GASTHOF KOHLERN

Wie in der Sommerfrische vor 100 Jahren fühlt man sich hier. Der alpine Gasthof thront neben einer kleinen Kapelle auf einem Hügel 1.130 Meter hoch über den Dächern von Bozen.

Seit 1899 scheint die Zeit hier stehen geblieben zu sein: Natur pur, frische Luft, absolute Ruhe und ein atemberaubender Blick ins Tal. Die Familie Schrott führt das Haus seit 60 Jahren mit seinen 16 schlicht und sehr geschmackvoll eingerichteten Zimmern und pflegt ihr nostalgisches Ambiente mit Fingerspitzengefühl und Hingabe. In der alten gemütlichen Stube auf zwei wundervollen Veranden oder im schattigen Lindengarten kann man alte Bozner Schmankerl genießen. Alles ist hausgemacht, Pilze, Blüten und Kräuter kommen aus den umliegenden Wäldern, das Fleisch und Gemüse von Bauern aus der Umgebung. Eine Idylle inmitten grüner Bergwiesen und gleichzeitig komfortabel nah an Bozen gelegen. Gerade mal drei Minuten sind es bis zur Bergstation der Kohlener Seilbahn, der weltweit ersten Bergschwebebahn, die seit 1908 die Verbindung nach Bozen ist. Auch deshalb flüchten viele Städter im Sommer vor der Hitze des Bozner Talkessels in die herrlich frische Bergluft und lassen den Blick bei Spinatschlutzern oder Herrengröst'l mit Speckkrautsalat beruhigend weit schweifen. Hotelgäste können dies auch von dem beheizten Pool aus tun, der sich bis an den Rand des Hanges zieht. Oder Sie entspannen in der hauseigenen Sauna samt Spa.

Gasthof Kohlern Adresse: Kohlern 11, 39100 Bozen Tel: 0039 0471 329978
Internet: www.kohlern.com Preise: DZ ab 130 Euro inkl. Frühstück
Restaurant: Dienstag – Sonntag 12.00 – 14.00 Uhr und 19.00 – 21.30 Uhr

👉 Wandern rund um den Kohlern

Der Kohlern ist ein Naturschutzgebiet mit herrlichen Wäldern und malerischen Fernsichten. Über Bergwiesen und durch weite Wälder kann man zu eindrucksvollen Aussichtspunkten wandern. Die schönsten Wege hat die Familie Schrott in einer Wanderkarte zusammengefasst. Beliebt ist der Panoramaweg, der an der Titschenwarte mit Dolomitenblick vorbeiführt, an der „Rotwand" mit Blick ins Etschtal und zum „Toten Moos". Dabei überwindet man in vier Stunden ca. 800 Höhenmeter. Einen besonderen Wanderservice bietet der Gasthof Kohlern an. Sagt man am Abend vorher Bescheid, wird ein Picknick-Rucksack für zwei Personen gepackt, u. a. mit Schüttelbrot, Speck, Graukas und Lagrein-Rotwein (15 Euro pro Person).

Hotel Restaurant Café Bar Aktion // Interview Wissenswertes Rezept

KOHLERHOF

Auf halber Höhe zum kleinen Bozner Hausberg Virgl liegt in wildromantisch, idyllischer Lage der Kohlerhof. Er ist vor allem rustikaler Buschenschank und Biergarten, geführt wird er von Silvia Werner und ihrem Mann Johann. Während sie in der Küche steht, bedient ihr Mann die Gäste, unter denen viele Einheimische sind. Sie sitzen auf der Terrasse der alteingesessenen Gastwirtschaft, spielen Karten, trinken Bier und lassen ihren Blick dabei immer wieder über das Bozner Tal schweifen.

Hier muss man keine kulinarischen Überraschungen erwarten, vielmehr ist die Küche bodenständig und alles ist hausgemacht. Dazu gehören saisonale, herzhafte Gerichte wie Pfifferlings- und Käseknödel, Schlutzkrapfen und Speckbrettl. Serviert wird ein Wein aus eigenem Anbau und besonders gut ist der hausgemachte Apfelsaft. Wunderbar dickflüssig und aromatisch, ist er fast wie eine kleine Mahlzeit. Gut passt er auch zu den süßen Krapfen und Strudeln, die Silvia Werner jeden Samstag selber backt und noch lauwarm auf den Tisch stellt. Ganz idyllisch kann man sie auch unter Kastanienbäumen an rotkariert eingedeckten Tischen im Garten genießen. Der Kohlerhof ist ein guter Ausgangspunkt für Wanderungen am Berg entlang oder hinauf. Dabei kann man von dort aus starten oder auf dem Rückweg einen kleinen Zwischenstopp einlegen.

Kohlerhof Adresse: Virgl 10, 39100 Bozen
Tel: 0039 0471 971432 Öffnungszeiten: Freitag – Sonntag mittags und abends durchgehend, Dezember bis Februar geschlossen

☞ Wendtlandhof

Ein paar steile Kurven oberhalb vom Kohlerhof liegt dieser Gasthof, der nur am Wochenende geöffnet hat. Dann kommen die Familien aus der Stadt, um Schlutzkrapfen, Kalbsleber oder Salat, frisch gepflückt vom Gemüsebeet, zu essen. Während ein angenehmes Lüftchen weht, sitzt man gemütlich auf alten Holzbänken unter Weinreben und umgeben von Wiesen, Feldern und Apfelplantagen. Der Sonntag ist ein besonderes Ereignis, da serviert die Familie Werner ihre berühmten Braten.

Adresse: Virgl 11, 39100 Bozen
Tel: 0039 0471 971074
Öffnungszeiten: Freitag – Sonntag 9.00 – 21.30 Uhr

Hotel Restaurant Café Bar Aktion // Interview Wissenswertes Rezept

KINIGHOF

Den Weg zum Kinighof weist Ihnen eine augenzwinkernde Installation aus alten Pfannen, Töpfen und Durchschlagsieben, die leuchtend bunt am Berghang steht. Sie bringe genau die richtigen Gäste, sagt die Bäuerin Benedikta Pechlaner, die nicht nur herrlich lecker kocht, sondern auch einen Sinn für Kunsthandwerk und viele andere schöne Dinge des Lebens hat. Wie für ihren charmanten Buschenschank, der sich in 970 Meter Höhe an den Ritten schmiegt und von Wiesen und Vogelgezwitscher umgeben ist. Alles, was in der gemütlichen alten Stube auf den Tisch kommt, ist selbst gemacht, vom geräucherten Speck Bresaola zu Käse, Apfelsaft, Knödeln und selbst gebackenem Brot. Besonders köstlich sind der Kinigschmarrn mit getrockneten Zwetschgen und die Schwarzplentener Riebel aus Buchweizen, Zwetschgen und Äpfeln.

Der Kinighof ist ein Familienbetrieb, und familiär geht es auch in der Stube zu. Entspannt sitzt man zusammen an Holztischen, teilt Brot, Schinken und Butter und über allen thront Philipp, der kleine Sohn des Hauses in einem Bett, das direkt über dem Ofen angebracht ist. Eine Szenerie, die ein bisschen an „Die Abenteuer des starken Wanja" erinnert. Am Sonntag ist der Buschenschank ein sehr beliebtes Ausflugsziel, in der Woche geht es dort ruhiger zu.

Besonders schön ist es, mit der Seilbahn von Bozen aus auf den Ritten zu fahren und auf dem Wanderweg Nr. 26 zum Kinighof zu laufen. Eine Tour, die etwas länger als eine halbe Stunde dauert.

Kinighof Adresse: 39054 Signat Tel: 0039 0471 365047
Öffnungszeiten: März – Mai und September – November: Donnerstag – Dienstag mittags und abends durchgehend, Mittwoch geschlossen

Hotel Restaurant Café Bar Aktion // Interview Wissenswertes Rezept

Ein Gespräch mit Benedikta Pechlaner
Köchin vom Kinighof

Wie sind Sie auf den Kinighof gekommen?
Das war ein komischer Zufall, denn normalerweise werden die Höfe in Südtirol vererbt. Auf diesem Hof hier hat mein Mann erst gearbeitet und dann haben wir ihn übernommen. Drei Jahre später, also 2008, haben wir dann den Buschenschank eröffnet. Wir haben soviel Platz und so viele eigene Produkte, da bot sich das einfach an.

Wie bringen Sie es unter einen Hut, gleichzeitig Bäuerin und Wirtin zu sein?
Tja, das ist in der Tat ein Problem und oft leidet nicht nur die Familie, sondern auch meine Gartenarbeit. Das Schöne aber ist, dass alle mithelfen, wenn viel zu tun ist, und wir ein eingespieltes Team sind, in dem jeder selbstverständlich seinen Part übernimmt. Ganz davon abgesehen, kann ich sowieso nicht still sitzen und auf keinen Fall tagein tagaus dasselbe machen. Deshalb male ich oder richte alte Gegenstände her, wie ich es als Restauratorin gelernt habe. Ich finde, nicht nur der Speck muss schmecken, sondern das Messer, mit dem man ihn schneidet, muss auch schön und scharf sein.

Und dazu haben Sie noch so flexible Öffnungszeiten.
Ja, wer kommt, bekommt auch etwas zu essen. Schließlich sind wir immer am Hof und das ist unsere Philosophie. Die Merende, eine traditionelle Brotzeit mit Speck, Käse, Brot und Wein, die serviert wird, wenn die Bauern nachmittags vom Feld kommen, ist schließlich schnell gemacht.

Woher haben Sie Ihre Rezepte?
Die habe ich mir alle selbst zusammengesucht, viel gelesen und ausprobiert, denn meine Mutter ist Römerin und bei uns zu Hause gab es vor allem Pasta. Worauf ich wirklich achte, ist, Zutaten zu verwenden, die von unserem Hof stammen. Kommen in den Schmarrn eigentlich Rosinen, ersetze ich sie durch unsere guten Zwetschgen, und so kommt ein Rezept zum anderen.

Hotel Restaurant Café Bar Aktion // Interview Wissenswertes Rezept

OFFICINA DEL GELO
AVALON

Paolo Coletto gehört zu den besten Eismachern Italiens – und zu den leidenschaftlichsten. „Ich bin Eis", sagt der Venezianer über sich selbst, der vor 30 Jahren sechs Eisrezepte von der Mama bekommen hat. Und man glaubt es ihm sofort, denn seither hat er über 100 neue Eissorten kreiert. Auch deshalb legt er besonderen Wert darauf, dass seine Eisdiele den Zusatz „Officina", was auf Deutsch Werkstatt heißt, trägt.

Für seine Kreationen verwendet er nicht nur viel Fantasie, sondern auch beste Zutaten: Marillen von einem Biohof aus dem Vinschgau, Pistazien aus Bronte, Haselnüsse aus dem Piemont, elf feinste Schokoladensorten und sechs Kakaopuder, aus denen er jeweils ein Schokoeis macht.

Auf einer wild blinkenden Tafel über der Eistheke leuchtet auf, was es an dem Tag gerade gibt. Wenn Sie Glück haben, dann ist das Karottensorbet dabei, seine berühmte Sorte Avocado mit Ziegenmilch und Vanille oder die eigenwillige Geschmacksexplosion Bombay Dream aus Basmatireis, Kokos, Anis, Ingwer, Kardamom, schwarzem Pfeffer und Olivenöl.

Die Sorbets stammen noch von La Mama selbst und essen kann man die Köstlichkeiten, von denen man gar nicht genug bekommen kann, auf Plastikstühlen und inmitten der Kulisse, die für den italienischen Teil Bozens so typisch ist: vor Marmorfassaden und im Schatten der Monumentalbauten.

Officina del Gelo Avalon Adresse: Freiheitsstraße 44, 39100 Bozen
Tel: 0039 0471 260434 Internet: www.officinadelgeloavalon.eu
Öffnungszeiten: März – Oktober: Täglich

Hotel Restaurant Café Bar Aktion // Interview Wissenswertes Rezept

Ein Gespräch mit Paolo Coletto
Maestro Artigiano von der Officina del Gelo Avalon

Viele Ihrer Sorten sind sehr ungewöhnlich. Wie entwickeln Sie sie?
Eine neue Eissorte zu kreieren, ist für mich wie ein Gedicht zu schreiben. Ich höre auf alles, was mich umgibt.

Und dabei ist Ihnen die Qualität der Zutaten sehr wichtig.
Ja, und in Südtirol habe ich die besten Voraussetzungen. Was ich hier finde, das gibt es woanders einfach nicht. Meine Milch, die aus Toblach im Pustertal kommt, ist für mich die beste der Region und die meisten meiner Früchte, die Aprikosen, Pfirsiche und Heidelbeeren kaufe ich bei den Bauern der Umgebung.

Sie sind also sehr lokal ausgerichtet.
Eigentlich schon. Nur viele der Schokoladen kommen nicht von hier, manche sogar aus Venezuela. Aber wenn ich mich für eine bestimmte Schokoladensorte begeistere, dann kann ich schon mal auf einen Schlag 150 Kilogramm davon bestellen und dann habe ich erst mal ausgesorgt.

Was bedeutet Ihnen das Eis machen?
Auch nach 30 Jahren ist es für mich immer noch die Erfüllung schlechthin. Eis herzustellen ist für mich, wie nonstop zu meditieren. Aber die Gäste, sie sind mir genauso wichtig. Am liebsten würde ich sie alle adoptieren und ihre Hunde gleich dazu.

Aber was machen Ihre Kunden bloß, wenn Sie den Winter über schließen?
Dass sie nicht durchdrehen, dafür ist gesorgt. Im Oktober produziere ich besonders große Mengen Eis, die sie dann nach Hause in ihre Kühltruhen mitnehmen.

Hotel Restaurant Café Bar Aktion // Interview Wissenswertes Rezept

STADTBUMMEL DURCH BOZEN

So wie in Bozen urige Gemütlichkeit auf mediterranes Lebensgefühl trifft, wechseln sich auch in den Schaufenstern der Laubengasse Tradition und Moderne ab. Hängen unterm handgeschmiedeten Schild Dirndl aus alteingesessenem Hause, oder vertreibt Seibstock Südtiroler Delikatessen, gibt es nebenan die neuesten Sommershorts von Marc by Marc Jacobs zu kaufen.

Ganz in der Nähe der Laubengänge, mit ihren Fresken und eleganten schmalen Fassaden, liegt der Waltherplatz, benannt nach dem Minnesänger Walther von der Vogelweide. Er ist das Zentrum der Bozner Altstadt, die „gute Stube" mit zahlreichen Cafés und Läden. Dort sitzt man auf der Straße, trinkt Sprizz und guckt dem bunten Treiben zu.

Nicht umhin kommt man, über den malerischen Obstmarkt am Obstplatz um die Ecke zu gehen, auf dem seit Jahrhunderten täglich Obst, Gemüse, Käse und Südtiroler Spezialitäten verkauft werden. Ein Muss dabei ist der Stopp an dem berühmten Würstelstand gleich am Anfang des Marktes. Seit über 60 Jahren lassen sich die Bozner dort Meraner, Würste aus Rind- und Schweinefleisch und speziellen Gewürzen, schmecken.

Wer lieber eine süße Pause machen möchte, kann dazu im Café Klaus eine Flockensahne nehmen. Unser Highlight ist allerdings, sich in den idyllischen Garten von Laurin zurückzuziehen.

Auf jeden Fall sollten Sie aber von der Altstadt aus über die Talferbrücke auf die italienische Seite wechseln, einen Gang über den dortigen Corso della Libertà machen und sich das beste Eis der Region in der Officina del Gelo Avalon gönnen.

👉 Batzenhäusl

Das Batzenhäusl ist das älteste Wirtshaus in Bozen. In den urigen Räumen wird typische Südtiroler Küche serviert, vom Bauerngröst'l bis zum Tiroler Saftgulasch. Dazu gibt es selbst gebackenes Brot und Bozner Bier vom Fass. Besonders schön sitzt man im Sommer in dem Biergarten, schattig am Tag und romantisch am Abend.

Adresse: Andreas-Hofer-Str. 30, 39100 Bozen, Tel: 0039 0471 050950
Internet: www.batzen.it, Öffnungszeiten: Täglich 11.00 – 1.00 Uhr

Hotel Restaurant Café Bar Aktion // Interview Wissenswertes Rezept

☞ Seibstock

Eigentlich kommt der Delikatessenladen aus Meran. 1890 hat der Großvater des Inhabers Walter Seibstock Gewürzmischungen verkauft, mit denen er berühmt wurde. Seit 2000 gibt es auch eine Seibstock-Filiale in Bozen, eine große Wunderkammer mit handverlesenen Köstlichkeiten wie Knödeln, Pasteten, Käse und Weinen und eine Deli-Theke mit Selbstgemachtem.

Adresse: Lauben 50, 39100 Bozen, Tel: 0039 0471 324072
Internet: www.seibstock.com
Öffnungszeiten: Montag – Samstag 9.00 – 19.00 Uhr

Hotel Restaurant Café Bar Aktion // Interview Wissenswertes Rezept

☞ Café Klaus

Sitzen die Touristen am Waltherplatz, gehen die Einheimischen ins Café Klaus. Egal ob am Morgen auf ein Hefeteigkipferl, zwischendurch auf einen frisch gepressten Karotten-Apfelsaft oder am Nachmittag auf eine der berühmten Torten wie Flockensahne, Andreashoferschnitte oder Birnenschokomus. Drinnen ist es mehr eine Bäckerei, aber draußen kann man sehr schön an einem idyllischen Platz sitzen.

Adresse: Vintler Str. 2, 39100 Bozen, Tel: 0039 0471 972193
Öffnungszeiten: Montag – Freitag 7.00 – 18.30 Uhr, Samstag 7.00 – 12.30 Uhr

Hotel Restaurant Café Bar Aktion // Interview Wissenswertes Rezept

☞ Museion

Schon der Museumsbau selbst war ein Ereignis. Das Berliner Architekturbüro KSV hat ihn 2008 als transparenten und Licht durchfluteten Kubus entworfen, der zwischen Alt- und Neustadt steht und sie verbindet. Auf fünf Etagen kann man zeitgenössische Kunst sehen und spektakuläre Ausblicke genießen. Besonders von der oberen Etage aus, wo das Bergpanorama in den Museumsbau hineinleuchtet und Innen und Außen perfekt in Beziehung treten. Interessant ist vor allem die Sammlung des Museion, die auf italienische Künstler der 50er und 60er Jahre und auf „Kunst und Sprache" spezialisiert ist. In über 2000 Arbeiten wird die Beziehung zwischen Bild und Text in der Kunst untersucht und aus ihnen Ausstellungen konzipiert, wie die Ausstellung „A, b, c ...: Lettern im Raum", in der Buchstaben im Mittelpunkt stehen. Dazu wechseln sich Einzelausstellungen von hochkarätigen Künstlern und Künstlerinnen wie Monica Bonvicini, die 1999 den Goldenen Löwen für den besten Pavillon der Biennale in Venedig gewonnen hat, oder Documenta-Künstlerin Isa Genzken ab.

Shoppen kann man im Book-Shop, der eine große Auswahl an Ausstellungskatalogen, Bildbänden und Postkarten bietet. Zum Ausruhen bietet sich das Café Museion an, das allerdings eher spartanisch eingerichtet ist. Sitzt man aber auf der Terrasse, hat man die riesige Fassade des Würfels im Rücken und die grünen Talfler Auen im Blick.

Adresse: Dantestraße 6, 39100 Bozen, Tel: 0039 0471 223411
Internet: www.museion.it
Öffnungszeiten: Dienstag – Sonntag 10.00 – 18.00 Uhr,
Donnerstag 10.00 – 22.00 Uhr

Café Museion
Internet: www.cafe-museion.com
Öffnungszeiten: Dienstag – Freitag 7.30 – 18.00 Uhr,
Donnerstag bis 22.00 Uhr, Samstag und Sonntag 9.00 – 18.00 Uhr

ÜBERETSCH UND UNTERLAND

Unterhalb von Bozen erhebt sich über dem Flusstal der Etsch ein Mittelgebirgsplateau mit Obstbäumen und Weinreben, schönen alten Dörfern, hochherrschaftlichen Ansitzen und Burgen. Die sogenannte Überetsch ist eine sanfte Hügellandschaft, in der auch das berühmte Kaltern liegt, für viele der Inbegriff von Ferien in Südtirol – auch wegen des Kalterer Sees, dem wärmsten Badesee der Alpen und seinen Weinhängen, an denen die Vernatsch-Traube wächst. Man muss aber nicht in Kaltern Halt machen, um Südtirol in seiner Schönheit zu erfassen. Unberührter ist die Landschaft, wenn man sich von der Überetsch gen Süden ins Unterland treiben lässt.

Auf sanften Hügeln reihen sich dort bekannte Weindörfer wie Tramin, Terlan oder Margreid aneinander. Sie liegen an der Südtiroler Weinstraße, der ältesten Italiens, die bei Sigmundskron beginnt und mit dem Weingut Haderburg bei Salurn endet. Es ist ein pittoresker Traum, sie entlangzufahren. Zwischen den Dörfern wechseln sich ausgezeichnete Weingüter ab und je südlicher man Richtung Trentin fährt, desto mehr mediterranes Flair weht durch die Landschaft. Kleine Olivenhaine, ab und zu mal eine Palme und dazu italienisches Dorfleben. Möchte man einen historischen Zwischenstopp in Sachen Wein machen, sollte man bei Europas ältester Weinrebe in Margreid halten. 1601 wurde sie gepflanzt und zieht sich heute in der Grafengasse 11 die Hauswand entlang. Aber auch in Sachen spektakulärer Naturschönheit hat das Unterland etwas zu bieten: den Bletterbach Canyon zwischen Aldein und Radein. Ein beeindruckendes Wunderwerk der Natur, das durch Jahrmillionen Erdgeschichte führt.

ZIRMERHOF
SÜDTIROL

ZIRMERHOF

Um den Zirmerhof in vollen Zügen genießen zu können, sollte man am besten gleich mehrere Tage bleiben. Denn der uralte Sitz der Familie Perwanger auf dem Radeiner Hochplateau ist ein alpines Gesamtkunstwerk. „Eine größere Almhütte", nennt der Junior es – und das ist maßlos untertrieben. Das Haus ist so weitläufig, dass man sich in den verwinkelten Gängen verlaufen kann, und dabei spürt man auf Schritt und Tritt die Geschichte. Gelebtes Holz, bemalte Türen, alte originale Betten, kunsthistorische Drucke und antike Nachtschränkchen sind im Zirmerhof und in seinen 35 Zimmern verteilt.

Die Atmosphäre ist einzigartig, gehoben, gemütlich und familiär. Hier fühlt sich jeder willkommen, egal ob er mit seiner Familie oder alleine reist. Und wird im großen Saal Frühstück oder das abendliche Menü serviert, bleiben viele Gäste gerne länger sitzen.

Im Wellness-Bereich duftet es nach Heu und man kann sich gar nicht entscheiden, wo man am besten relaxt. Bei einem Almheubad oder der Gewürztraminerkernöl-Packung, auf einem der Felle oder im großen beheizten Außenpool mit schönster Aussicht auf das Bergpanorama. Wollen Sie den Zirmerhof dennoch einmal verlassen, packt Ihnen die Familie Lunchpakete für Ihre Wanderungen und versorgt Sie mit vielen Tipps.

Wer nicht im Zirmerhof wohnt, kann zumindest mittags dort essen. Dafür sollten Sie aber auf jeden Fall vorher anrufen.

Zirmerhof Adresse: Oberradein 59, 39040 Radein Tel: 0039 0471 887215
Internet: www.zirmerhof.com Preise: DZ 68-146 Euro pro Person
inkl. Frühstück, DZ 90-160 Euro pro Person mit HP

Hotel Restaurant Café Bar Aktion // Interview Wissenswertes Rezept

Ein Gespräch mit Joseph Perwanger
Familienoberhaupt vom Zirmerhof

Ihr ganzes Leben sind Sie bereits auf dem Zirmerhof. Was ist Ihre Rolle heute?
Nachdem ich ihn so viele Jahre mit meiner Frau geführt habe, bin ich heute das Reserverad. Manchmal allerdings eher eines mit etwas wenig Luft. Auf jeden Fall aber bin ich die gute Seele im Haus.

Was lieben Sie an der Gegend um den Zirmerhof herum?
Vor allem den Zirmersteig, einen Hochweg, den meine Großmutter hat anlegen lassen. Auf ihm kann man wunderbar zur Isi-Hütte wandern, dort einkehren und typische Alpengerichte essen. Die Strauben, ein süßes Gericht aus Bierteig mit etwas Schnaps, das in Fett ausgebacken und mit Preiselbeeren serviert wird, ist mein liebstes. Es wird allerdings nur in Almhütten über 1.600 Metern angeboten.

Klingt köstlich und speziell. Was können Sie kulinarisch noch empfehlen?
Speck können wir in Südtirol gut, so wie die Trentiner die besten Wurstmacher sind. Jede Region hier steht für etwas Besonderes.
Das hat meine Frau Hanna 1967 aufgegriffen, als sie auf Drängen der Hotelgäste ein Kochbuch mit „Südtiroler Leibgerichten" schrieb. Aus diesem Büchlein bereiten wir heute im Zirmerhof noch Spezialitäten wie die Zirmertorte mit Schokolade, Kirschen und Schlag zu.

Sind Sie selbst noch viel unterwegs?
Es geht. Aber es gibt über 100 Ruhebänke rund um das Hotel und das gefällt mir ausgesprochen gut. Ihnen würde ich aber auf jeden Fall empfehlen, in der Schönrastalm einzukehren. Stellen Sie vorher Ihr Auto an der Lahneralm ab, wandern Sie hoch und belohnen Sie sich dort mit ein paar Spezialitäten.

☞ Hochlandrinder vom Zirmerhof

Der Zirmerhof ist für seine Schottischen Hochlandrinder berühmt. In den Sommermonaten grasen sie frei auf 150 Hektar Land, auf Waldweiden und Wiesen im Naturparadies Radein. Im Winter werden sie auf dem Zirmerhof mit Heu und biologischem Rohgetreide versorgt. Auf Kraftfutter wird verzichtet und dadurch ein Fleisch garantiert, von dessen Qualität man weit über die Grenzen des Unterlandes hinaus schwärmt. Geschlachtet werden die Rinder direkt auf dem Hof und unter tierärztlicher Aufsicht. Köstlich und gut zum Mitnehmen sind das Rinderg'selchte, der selbst geräucherte Speck und die Hauswurst. Im Restaurant vor Ort sollten Sie unbedingt einmal die Tagliata, zartrosa gebratene Lendenstücke, probieren.

Hotel Restaurant Café Bar Aktion // Interview Wissenswertes Rezept

SCHÖNRASTALM

Möchte man im Unterland typisches Hüttenfeeling genießen, ist man auf der Schönrastalm genau richtig. In friedlicher Alpenidylle fühlt man sich weitab von der Welt, kann seinen Blick über Berghügel und saftige Wiesen schweifen lassen und dazu läuten im Hintergrund die Kuhglocken.

Und dort ist alles so einfach, wie es auf einer Berghütte sein soll. Man sitzt auf Holzbänken, gedeckt wird auf typisch rot-weiß karierten Wachsdecken – und das in 1.700 Metern Höhe. Zu den Klassikern gehören Schwarzplentener Riebel, ein Schmarrn aus Buchweizen mit hausgemachter Zwetschgenmarmelade, oder Strauben, frittierter Bierteig mit Preiselbeeren und so zubereitet, wie die Oma es in ihrem Rezeptbuch hinterlassen hat. Die Hüttenwirtin Martina pflegt die Traditionen mit Leidenschaft und serviert dazu Bergapfelsaft vom Troibner Obsthof und Hollerblüten-Schorle vom Unichhof.

Schön ist es, zur Schönrastalm hinaufzulaufen. Dazu parken Sie am besten unterhalb der Lahneralm in Aldein und gehen auf breiten Waldwegen gemütlich bergauf. Der Weg dauert nicht länger als eine halbe Stunde und ist eher ein Spaziergang als eine Wanderung.

Wollen Sie etwas Almgefühl mit nach Hause nehmen, dann sollten Sie auf jeden Fall einen Blick in den kleinen Ladenverkauf der Almwirtin Martina werfen. Dort bietet sie in Heu gereiften Kuhkäse aus der eigenen Käserei an.

Schönrastalm   Adresse: Lerch 43, 39040 Aldein
Tel: 0039 0471 886731   Öffnungszeiten: Täglich 9.00 – 19.00 Uhr

Hotel Restaurant Café Bar Aktion // Interview Wissenswertes Rezept

Schwarzplentener Riebel mit Zwetschgenmarmelade
Für 4 Personen

Das Buchweizenmehl (Schwarzplenten), die Milch und den Zimtzucker verrühren und den Teig eine halbe Stunde quellen lassen. Die Eier aufschlagen, salzen und unter den Teig geben, bis dieser eine dickflüssige Konsistenz hat.

Eine Pfanne erhitzen und die Butter hinein geben. Den Teig dazu gießen, kurz fest werden lassen, wenden, mit zwei Gabeln in kleine Stücke reißen und diese am Ende etwas bräunen lassen.

Den fertigen Riebel mit Zimtzucker bestreuen und mit Zwetschgenmarmelade servieren.

250 g Buchweizenmehl
1 Liter Milch
3-4 Eier, je nach Größe
1 Prise Salz
1 EL Zimtzucker
Puderzucker
Butter
Zwetschgenmarmelade

GASTHOF KRONE

Im Dorfkern von Aldein, neben Rathaus und alter Schule, liegt der Gasthof der Familie Franzelin. Er ist eine wunderbare Adresse. Einst war der Hof Pilgerstation auf dem Weg zum Kloster Maria Weißenstein. Heute machen dort Feinschmecker Rast, denn die Gerichte der Krone sind auf den Punkt, unverfälscht südtirolerisch und mit besten Zutaten, viel Aufwand und Liebe zubereitet.

Der Gasthof ist ein Familienbetrieb. Mutter Maria Alberta steht mit einem ihrer Söhne in der Küche, der andere übernimmt den Service und Vater Andreas macht Wurst, Schinken und Speck. Die sind genauso legendär wie das Knödeltris mit Speck, Käse und Spinat und die Hirschnuss an Bratapfel, ein Inbegriff der guten Südtiroler Küche. Fleisch, Gemüse und duftende Kräuter stammen vom eigenen Bauernhof, viele andere Zutaten von den Bauern der Umgebung.

Ungewöhnlich ist auch der große Weinkeller mit einer Auswahl an hervorragenden Weinen der Region. Sohn Georg kennt alle Weingüter höchstpersönlich, kann ihre Besonderheiten schwungvoll erklären und empfiehlt Highlights wie den Terlaner Quarz 2008, einen Sauvignon aus der Unterländer Kellerei Terlan, der nicht nur frisch und voluminös schmeckt, sondern auch perfekt zum Knödeltris passt.

Die Krone ist ein Gasthof im altherkömmlichen Stil mit alten Gewölben und einer behaglichen Stube, in die man sowohl mittags nach einer Wanderung als auch abends einkehren kann.

Gasthof Krone Adresse: Dorfplatz 3, 39040 Aldein
Tel: 0039 0417 886825 Internet: www.gasthof-krone.it
Öffnungszeiten: 12.30 – 14.00 Uhr und 19.30 – 21.30 Uhr

🖝 Auch zum Übernachten

Zu einem traditionellen Gasthof gehört, dass man dort auch übernachten kann. In der Krone in einem von 13 Zimmern, die allesamt behutsam renoviert und mit alten Bauernmöbeln und rustikalen Stoffen ausgestattet sind. Jedes hat seinen ganz eigenen Charme, in manchen liegen Kuhfelle, in anderen hängen alte Bilder.

Wohnt man in der Krone, kann man es sich wunderbar in der Bibliothek mit ihrem reich verzierten Biedermeierofen gemütlich machen, sich auf einem der Samtsessel niederlassen und in aller Ruhe lesen.

Preise: DZ 61-87 Euro pro Person inkl. Frühstück, DZ 72-95 Euro pro Person inkl. HP

Hotel Restaurant Café Bar Aktion // Interview Wissenswertes Rezept

PARADEIS

WEINSCHENKE PARADEIS

In Margreid führt der Weg ins Paradies Paradeis durch ein großes schmiedeeisernes Tor und in die Weinschenke von Alois Lageder. Sie gehört zu seinem Weingut Casòn Hirschprunn und ist mit erfrischend modernem Interieur eingerichtet. In dem alten Gewölbe sitzt man auf Piet Hein Eek-Hockern an einer langen Tafel, an den Wänden hängen Junge Wilde und im Hintergrund prasselt der Kamin. Dazu kann man Weine wie den Pino Grigio „Beta Delta" oder den 2007er Gewürztraminer „Am Sand" probieren.

Doch im Paradeis geht es nicht nur um die Weinverkostung, sondern vor allem auch darum, ein paar Stunden modernes Südtirol zu genießen. Auf der Karte stehen kleine feine Jausen wie Pfifferlingssülze, Südtiroler Bauernspeck oder Marillenkuchen. Und die Atmosphäre, die einen dazu umgibt, ist eher wie in einer europäischen Großstadt. Das Holz ist nicht geschnitzt, sondern zeitgenössisch recycelt, mit Farbresten zu neuen Möbeln zusammengesetzt, und statt Wiesenblumen stehen vereinzelt Stängel wie Kunstwerke auf den Tischen. Und Schinken und Speck sind wie eine Installation vor den rohen Wänden angebracht.

Mediterrane Idylle hingegen findet man in dem weitläufigen Garten des Weingutes. Dort kann man an hellblauen Gartentischen die Lageder-Weine und Kleinigkeiten genießen.

Weinschenke Paradeis Adresse: St. Gertraud Platz 5, 39040 Margreid
Tel: 0039 0471 809580 Internet: www.aloislageder.eu/paradeis
Öffnungszeiten: Täglich 10.00 – 20.00 Uhr, Donnerstag bis 23.00 Uhr

☞ Die Weine von Alois Lageder

Bereits 1823 legte Johann Lageder in Bozen den Grundstein für das Weingut, das heute in fünfter Generation von Alois Lageder geführt wird. Es umfasst sieben Weinberge und verfolgt zwei verschiedene Anbaulinien. Während die traditionell angebaute den Namen von Alois Lageder trägt, heißt die biodynamische Linie Tenutæ Lageder.

So sehr das Weingut seinen Wurzeln verpflichtet ist, so sehr ist es Vorreiter für hochwertig produzierte Weine in der Region. Ein Aushängeschild dafür ist der glänzend helle 2007er Chardonnay mit dem klangvollen Namen „Löwengang". Dass Alois Lageder immer auch Wert auf die Gestaltung legt, sieht man an seinen kunstvoll modernen Etiketten.

Wollen Sie tiefer in seine Weinkunst eintauchen, können Sie auf Anfrage eine Führung durch die biologisch bewirtschafteten Weinberge oder eine Tour durch die Kellergewölbe des Ansitz' Löwengang machen. Besonders beeindruckend: Dort hat der amerikanische Konzeptkünstler Matt Mullican seine Spuren hinterlassen. So trifft im Bozner Unterland internationale zeitgenössische Kunst auf hochkarätige lokale Önologie.

Führungen: mit Voranmeldung von der Weinschenke Paradeis aus, jeden Donnerstag um 14.30 Uhr, Führungen durch die Weinberge auf besondere Anfrage

Hotel Restaurant Café Bar Aktion // Interview Wissenswertes Rezept

MANINCOR

WEINGUT MANINCOR

Keine Angst vor der Moderne zeigte Michael Graf Goëss-Enzenberg, als er 2004 das 400 Jahre alte Familien-Weingut durch einen futuristischen Bau erweitern ließ. Mit riesigen Glasfronten, spektakulären Ausblicken und einem Weinkeller, der mitten in den Weinberg hineinführt, ist es das architektonische Highlight der Region. Und selbst für den, der sich nicht für Wein interessiert, ist es ein spannendes Ziel. Umrahmt von Bergen liegt Manincor direkt am Kalterer See und steht für die perfekte Verschmelzung mit der Natur und Qualität. So fortschrittlich der Bau, so archaisch ist die Arbeit am Berg. Angebaut wird nach Demeter-Prinzipien und geerntet wird wie seit Hunderten von Jahren mit der Hand. Dabei entstehen elegante und feine Weine, deren Trauben-Qualität bis in die Flasche hinein sorgsam behütet wird. Drei Linien werden auf Manincor verfolgt: Während „Hand" für jüngere und klassisch solide Weine steht, werden Trauben aus bester Lage zu der kraftvoll eleganten Linie „Herz" gekeltert und nur die besten Jahrgänge mit der „Krone" ausgezeichnet, dem Top-Wein für Liebhaber.

Das Tolle auf Manincor: In dem lichtdurchfluteten Vinothek-Pavillon können Sie vom Apfelsaft bis zum Dessertwein, und von der „Hand" bis zur „Krone" alle Linien probieren und sich dabei wahlweise von einem der Sommeliers beraten lassen oder die gut aufbereiteten Kärtchen lesen, die an jedem Weinregal hängen.

Weingut Manincor Adresse: St. Josef am See 4, 39052 Kaltern
Tel: 0039 0471 960230 Internet: www.manincor.com
Öffnungszeiten: Montag – Samstag 11.00 – 16.00 Uhr

Hotel Restaurant Café Bar Aktion // Interview Wissenswertes Rezept

☞ Unsere Lieblingsweine

Sophie 2009
Nach einer Gräfin benannt. Eleganter und dichter Wein aus Chardonnay und Viognier mit einem komplexen Bouquet aus Akazien- und Lindenblütennoten. Leuchtend Gelb mit topasfarbenen Reflexen. Ein edler Tropfen mit Lagerpotential.

Lagrein Rubatsch 2008
Saftig, kräftig und lebendig, mit samtigen Tanninen und einer Note, die an Waldbeeren erinnert. Ein perfekter Südtiroler Wein aus der heimatlichen Rebsorte Lagrein, der besonders gut zu Wildgerichten passt.

Mason 2008
Blauburgunder mit seidigen Tanninen und einem frischen Bouquet aus Beeren- und Kirscharomen.

Cassiano 2007
Eleganter und körperreicher Cuvée aus Merlot, Cabernet Franc, Cabernet Sauvignon, Syrah, Tempranillo und Petit Verdot. Sattes Purpur-Rubinrot mit feinen Unterholzdüften und einem Hauch wilder Kirschen.

Le Petit 2008
Ein Süßwein ganz nach der Philosophie von Manincor. Elegant, mit einer filigranen Süße und zarten Frische. Perfekt als Abschluss eines guten Essens zu Käse oder süßen Nachspeisen.

Hotel Restaurant Café Bar Aktion // Interview Wissenswertes Rezept

☞ Weingut Haderburg

Angefangen hat alles 1977, als Alois Ochsenreiter begann, Sekt zu keltern. Eine Marktlücke im damaligen Südtirol, die er mit sehr viel Können schloss. Der älteste Sekt, den er lagert und der von 2000 ist, schmeckt mittlerweile wie ein Champagner.

Heute halten sich Sekt- und Weinproduktion die Waage, jeweils 40.000 Flaschen pro Jahr bringt das Gut heraus. Angebaut werden die Trauben in guter Hanglage, verarbeitet auf dem schönen historischen Ansitz und gelagert in alten Kellergewölben. Unter ihnen die Rotweine Blauburgunder, Merlot, Cabernet, der Hausmannhof Gewürztraminer und diverse Sekte. Im Gegensatz zur klassischen Methode, bei der der Sekt um die 18 Monate lagert, liegt er bei Alois Ochsenreiter zwei Jahre im Gewölbe.

Seit 2003 ist das Gut auf biodynamischen Anbau umgestellt. Sie können einfach vorbeikommen und die verschiedenen Weine und Sekte kosten. Zu den Weinhängen bei Salurn sind neue im Eisacktal hinzugekommen, eine Grenzüberschreitung sozusagen, vom Unterland hoch zum Brenner.

Adresse: Pochi 30, 39040 Salurn, Tel: 0039 0471 889097
Internet: www.haderburg.it

☞ Baden im Kalterer See

Der Kalterer See ist umgeben von Weinbergen, die sanft zum Ufer hin abfallen. Er ist berühmt dafür, dass er der wärmste Badesee der Alpen ist. Im Sommer wird in ihm nicht nur geschwommen, sondern auf ihm gesurft, gesegelt und Tretboot gefahren und entsprechend überfüllt ist er an sonnigen Tagen. Wer an Land bleiben möchte, kann sich auf den Seerundwanderweg begeben, der in 7,5 Kilometern einmal um den See herumführt und viele schöne Ausblicke, darunter auf die malerische Leuchtenburg, bietet.

Freibad Lido am Kalterer See
Adresse: St. Josef am See 16, 39052 Kaltern
Öffnungszeiten: Mai – Oktober: Täglich 9.00 – 19.00 Uhr

☞ Montiggler Seen

Ganz in der Nähe findet man die beiden Badeseen der Überetsch, den Kleinen und den Großen Montiggler See. Auch wenn sie zu den beliebtesten Südtirols gehören, sind sie dennoch etwas idyllischer als der Kalterer See. Umgeben von Kiefern- und Mischwäldern liegen sie im Naturschutzgebiet. Gerade am Kleinen See von Montiggl, der nur zu Fuß oder mit dem Rad erreichbar ist, kann man noch wildromantische Badestellen entdecken.
Am Großen See mit seinem Freibad, Badesteg und seinen Liegewiesen geht es entsprechend lebendiger zu.

Freibad Lido am Großen Montiggler See
Adresse: 39057 Eppan
Tel: 0039 0471 661707
Öffnungszeiten: Mitte Mai – Mitte September: Täglich 9.00 – 18.30 Uhr

VOM EISACKTAL INS PUSTERTAL

Seit Jahrtausenden sind der Brenner und das obere Eisacktal die wichtigste Achse zwischen dem Norden Europas und Italien, ein Nadelöhr der Alpen, durch das sich einst römische Truppen zwängten. Heute tun das Liebhaber des Südens auf dem Weg in die Sommerfrische oder ans Meer. Schon am Anfang des Eisacktals beginnt die Idylle mit dem Bergparadies Bad Dreikirchen, seinen besonderen Gasthöfen, drei einzigartig ineinander verschachtelten Kirchen und herrlicher Ruhe. Das Dorf ist eines der letzten Südtirols, das sich erfolgreich dem Autoverkehr verweigert. Auf der anderen Seite des Eisacktals führen Seitentäler wie das Grödner- oder Villnösstal gen Osten in die großartige Bergwelt der Dolomiten und zu der berühmten Seiser Alm. Die größte Hochalm Europas, die nordwestlich der spitzzackigen Langkofelgruppe liegt, ist an den meisten Stellen hoffnungslos überlaufen. Aber einmalig ist es, das dramatische Farbspiel von Sonne, Wolken und Bergen zu beobachten.

Ist man im Eisacktal, lohnt sich immer auch ein Ausflug ins Pustertal, das grünste Tal der Region, das bis ins österreichische Osttirol reicht. Dort liegt nicht nur der malerische Pragser Wildsee, sondern oberhalb von Bruneck auch der Gasthof Oberraut, in dem man gut essen und von dem aus man zu zahlreichen Wanderungen aufbrechen kann.

Dramatischer geht es im Hochpustertal inmitten der Sextner Dolomiten zu. Dort liegen die „Drei Zinnen", die sich spitz gen Himmel strecken und ein Wahrzeichen der Dolomiten sind. Man muss nicht unbedingt an ihren Fuß fahren, um ihre Schönheit zu erfassen. Bewegt man sich in der Region, hat man immer wieder neue und faszinierende Blicke auf sie.

GASTHOF BAD DREIKIRCHEN

In diesem Sommerfrischehaus aus dem 14. Jahrhundert haben schon Sigmund Freud und Christian Morgenstern die Seele baumeln lassen – mit Blick auf die gegenüberliegende Seite des Eisacktals und die Dörfer, die aussehen, als seien sie an die Berghänge getupft. Der Gasthof Bad Dreikirchen mit seinen Deckenmalereien wurde behutsam renoviert und steht heute unter Denkmalschutz. Schaut man von der großen Sonnenterrasse in die Landschaft hinein, hat man das Gefühl, dass sich in den letzten Jahrhunderten nicht viel verändert hat. Umsorgt wir man vom Hausherrn Matthias Wodenegg, der herzlich, gastfreundlich und erfrischend offen ist, einem aber gleichzeitig genug Raum lässt, sich ganz ungezwungen in dem Gasthof zu bewegen: im Musikzimmer mit seinem Flügel oder der Bibliothek, in der an kälteren Tagen schon mal der Kamin prasselt und an dem man sich auf dicken Kissen ganz wohlig niederlassen kann. Im lichten Speisesaal und auf der Terrasse werden typische Tiroler Gerichte wie Schlutzkrapfen, Knödel oder Schmarrn serviert und die Spezialität des Hauses, der beliebte Knödelsalat.

Es geht lebendig in dem Haus mit seinen 27 Zimmern zu, tagsüber kann man am Pool auf der Wiese liegen, zu Bergtouren aufbrechen und sich auf das Menü freuen, das für die Hotelgäste allabendlich gekocht wird.

Gasthof Bad Dreikirchen Adresse: Dreikirchen 12, 39040 Barbian
Tel: 0039 0471 650055 Internet: www.baddreikirchen.it
Preise: DZ 70-150 Euro inkl. Frühstück, DZ 115-180 Euro inkl. HP
Öffnungszeiten: Ende April – Ende Oktober

Hotel Restaurant Café Bar Aktion // Interview Wissenswertes Rezept

☞ Dreikirchen

Auf einer kleinen Waldlichtung stehen drei ineinander verschachtelte Kirchen, die zwischen dem 13. und 16. Jahrhundert erbaut wurden. So schlicht sie von außen wirken, so schön sind ihre Innenräume mit gotischen Flügelaltären und Fresken im Stil der spätmittelalterlichen Brixner Schule. Gewidmet sind sie dem Heiligen St. Nikolaus, der Heiligen Gertraud und der Heiligen Magdalena.
Man kann die Kirchen jederzeit besuchen, nur muss man die Schlüssel im nahegelegenen Messnerhof abholen. Ein Schild weist den Weg zu dem Gasthof, in den man anschließend auch auf einen Strudel einkehren kann.

Hotel Restaurant Café Bar Aktion // Interview Wissenswertes Rezept

BRIOL

Man traut seinen Augen nicht, wenn man hier ankommt. Auf 1.310 Meter Höhe und durchgeschüttelt von der Fahrt im Torggler Taxi erblickt man satte Bergwiesen, weiße Bettwäsche, die im Wind flattert, und in der Tür des Briol erwarten einen Johanna und Urban von Klebelsberg mit einem Obstler in der Hand. Nur 20 Zimmer gibt es und keines mit einem Schlüssel. Schließlich fühlt man sich hier unter Freunden, das Bad wird geteilt und abends sitzt man zusammen beim Essen. So herzlich die Atmosphäre ist, so puristisch die Einrichtung: schönste schlichte Holzmöbel, gestärktes weißes Leinen und als Farbsprenkel Vasen mit bunten Wiesenblumen – und die traumhafte Landschaft um das Haus herum. Im Briol konzentriert man sich auf das Wesentliche, genießt die Stille und die Sommerfrische, springt in den Pool oder sucht sich ein Plätzchen zum Schreiben, Lesen oder Träumen. Manche Gäste kommen schon seit drei Generationen und alle mit viel Sinn für ein Weniger, das viel mehr ist. Tagsüber kann man auf steilen Wegen zu den Wasserfällen oder aufs Rittnerhorn wandern. Und so mancher kehrt schon auf halber Strecke zurück, um das legendäre Kuchenbuffet mit Buchweizentorte, Apfelstrudel und Zwetschgenflecken nicht zu verpassen. Auch wer nicht im Briol wohnt, kann die Kuchen genießen und auch den Lunch mit seinem Knödeltris, der zu den besten Südtirols gehört.

Briol Adresse: 39040 Barbian-Dreikirchen Tel: 0039 0471 650125
Internet: www.briol.it Preise: DZ ab 160 Euro inkl. HP
Öffnungszeiten: Ende April – Ende Oktober
Taxi Torggler: 0039 335 8031621, außer einem strammen Fußmarsch die einzige Art, das Briol zu erreichen

Kräuterknödel
Für 10 Stück

Butter und Eier gut verrühren, den Ricotta und das Mehl dazu geben und alles vermischen. Die kleingehackten Kräuter unter den Teig heben und alles salzen und pfeffern. Den Knödelteig eine Stunde im Kühlschrank ruhen lassen.

Den Teig in esslöffelgroßen Stücken für 10 Minuten in kochendem Wasser garen.

Mit Parmesan und etwas zerlassener Butter servieren.

100 g Butter
2 Eier
400 g Ricotta
100 g Mehl
Salz, Pfeffer
frische Kräuter: Rosmarin, Salbei, Thymian

☞ Produkte vom Kloster Neustift

Der Kräutertee, nach alter Rezeptur der Neustifter Klosterapotheke zusammengestellt, ist ein köstliches Getränk. Der Tee hat es bis in die Vertriebsliste von Manufactum geschafft und auch im Briol bekommt man ihn aufgebrüht. Schließlich ist Urban von Klebelsberg nicht nur Verwalter des Klosters Neustift, sondern auch der Hausherr des Briol. Der Klosterladen selbst hat ein so breites wie köstliches Angebot, das von Weinen, Südtiroler Speck und Käse bis zu dem legendären Klosterbitter, hergestellt aus Zapfen und Spitzen der Latschenkiefer, reicht.

Adresse: Stiftsstraße 1, 39040 Vahrn, Tel: 0039 0472 836189
Internet: www.kloster-neustift.it
Öffnungszeiten: Montag – Samstag 9.15 – 12.00 Uhr und 14.00 – 18.00 Uhr

Hotel Restaurant Café Bar Aktion // Interview Wissenswertes Rezept

GASTHOF KRONE

Am Eingang zum Grödner Tal liegt dieser Gasthof, der noch ein wirklicher Geheimtipp ist. Über der Eingangstür schaukeln zwei zart geschmiedete, goldene Kronen und innen ist er persönlich und warmherzig eingerichtet. Umgeben von Holz, roten Kissen und Bildern der Urgroßeltern an der Wand kann man hier so gemütlich wie preiswert übernachten – und dazu auch noch gut essen.

Denn in der Küche steht der Sohn des Hauses, der enthusiastische Stefan Ploner, der für den Familiengasthof ebenso „brennt", wie für seine Polenta mit Pfifferlingen, Käseknödel oder die Pizza, die abends regelmäßig in den alten Steinofen geschoben wird. Und hat man Glück, kommt man nachmittags gerade rechtzeitig, wenn der ofenwarme Apfelstrudel auf den Tisch kommt.

So sehr Stefan Ploner seine Heimat und den Gasthof liebt, hat er dennoch schon die halbe Welt bereist. Sein Blick ist weit nach außen geöffnet und mit dieser Offenheit macht er die Krone zu einem besonderen Ort.

Die elf Zimmer sind schlicht, hell und mit Bauernmöbeln eingerichtet und die Lage des Hofes ist perfekt. Er liegt am Dorfplatz von Lajen, nah an Bozen. Und die Skigebiete in den Dolomiten sind in nur 15 Minuten zu erreichen.

Gasthof Krone Adresse: Dorfplatz 4, 39040 Lajen Tel: 0039 0471 655635
Internet: www.lajen.com Preise: DZ ab 50 Euro inkl. Frühstück
Öffnungszeiten: Täglich 11.00 – 14.30 Uhr und 18.00 – 21.00 Uhr

Hotel Restaurant Café Bar Aktion // Interview Wissenswertes Rezept

☞ Ansitz Zehentner

Gleich neben der Krone liegt der Zehentnerhof mit seinen dicken 600 Jahre alten Mauern, Kuhställen und vor allen Dingen mit drei Zimmern und zwei Apartments. Den Traditionshof schmücken alte Kuhglocken, Holzvertäfelungen und historisches Deckengebälk. Wenn man möchte, kann man dort hautnah das Bauernleben der Familie Schenk miterleben, Kühe melken inklusive. Hier herrscht eine freundliche und familiäre Atmosphäre, so dass man nach dem Frühstück oft noch zusammensitzen bleibt und sich austauscht.

Adresse: Dorfplatz 8, 39040 Lajen, Tel: 0039 0471 655040
Internet: www.zehentnerhof.com
Preise: DZ ab 60 Euro inkl. Frühstück, min. 3 Tage

Hotel Restaurant Café Bar Aktion // Interview Wissenswertes Rezept

DEGUST

Der Käsepapst von Südtirol residiert im Industriegebiet. Dort lädt Hansi Baumgartner in sein Reich des Käses ein, in dem nichts unmöglich erscheint. Vor moderner Kulisse führt er in die Käsekunst ein, die er Mitte der 90er Jahre selbst erfand: Er badet den Käse in Wein, reibt ihn mit Holzkohle oder Blattgold ein, veredelt ihn mit Almblüten und Tresterbeeren, bestreicht ihn mit Bienenwachs und lässt die eigensinnigen Kreationen im Mühlbacher Militärbunker natürlich reifen. Die Käseschätze präsentiert er sorgsam aufgereiht und wie in einem Humidor hinter einer Glaswand. Daraus kann man wählen, was man probieren möchte. Man ist noch nicht mal bei der dritten Sorte angelangt, da weiß man schon, dass man eigentlich keinen anderen Käse mehr essen möchte. Ein aufregendes Geschmackserlebnis, das keineswegs künstlich und mit gekräuterten Käsen zu vergleichen ist. Baumgartner behandelt den Käse, den er zum großen Teil von kleinen Bio-Käsereien aus Südtirol bezieht, mit schlafwandlerischer Intuition und gibt seiner Seele genau den entscheidenden Touch. 200 Käse hat er durchschnittlich in seiner Obhut und wer es nicht nach Vahrn schafft, kann sie in Restaurants wie dem Laurin in Bozen oder dem 1500 im Vigilius Mountain Ressort genießen und mittlerweile auch an vielen anderen Gourmet-Orten über Südtirol hinaus.

Degust Adresse: Eisackstraße 22, 39040 Vahrn Tel: 0039 0472 849873
Internet: www.degust.com Öffnungszeiten: Montag – Freitag
8.30 – 12.30 Uhr und 14.00 – 18.00 Uhr, Samstag 9.00 – 12.00 Uhr
Käseverkostung nach Vereinbarung: 18-25 Euro

Hotel Restaurant Café Bar Aktion // Interview Wissenswertes Rezept

Ein Gespräch mit Hansi Baumgartner
Käseaffineur von Degust

Woher nehmen Sie Ihre Leidenschaft?
Schon als ich Koch war, hatte ich einen Hang zum Experimentieren, ich war einfach schon immer ein Tüftler. Diese Leidenschaft habe ich dann auf den Käse übertragen, weil man dort nicht nur die Tradition bewahren, sondern immer neue Wege gehen kann.

Was fasziniert Sie so an Käse?
Dass er sich ständig verändert, eine wahre Evolution durchmacht, wenn er Naturprodukt ist, für unterschiedliche geschmackliche Sensationen sorgt und ähnlich wie Wein einen speziellen Charakter hat, der davon abhängt, wo er herkommt.

Sie veredeln die Käse auf unterschiedlichste Weise. Welche Methode war für Sie bisher die aufregendste?
Generell beeinflusse ich den Käse nur gering, aber erreiche damit große Veränderungen im Geschmack. Das allein ist schon faszinierend. Aber was mich wirklich begeistert hat, war, als ich einen Blauschimmelkäse mit Lakritz veredelt habe und nicht nur die geschmackliche Kombination toll war, sondern das Lakritz den Käse sogar auf natürliche Weise konserviert und vor Schimmel geschützt hat.

Was ist der beste Einstieg in Ihre Käsekunst?
Die Marende, bei der mehrere Sorten probiert werden können. Dabei sollte man mit den feinen milden Käsen beginnen und sich dann nach und nach steigern, z.B. zum pikanten Golden Gel, einem Blauschimmelkäse, der mit Tresterbeeren bedeckt ist.

🐄 Unsere Lieblingskäse von Hansi Baumgartner

AlpLagrein
Bergkäse aus Sommermilch, die Rinde mit Trester von der Lagreintraube veredelt und der Geschmack schokoladig nussig.

Noagulailich
Mürber Ziegenkäse, der im Heutuch gereift ist, nach Heu duftet und nach Haselnuss schmeckt.

Rosy
Porzellanweißer Ziegenkäse mit Rosenmuskateller umhüllt, wunderbar süßwürzig und mit feinen Hefenoten.

Kloaznkas
Camembert mit einer Kloaznkruste aus Birnendestillat und Birnenmehl (Kloaznmehl). Sahniger Käse mit fruchtigem Birnenduft und leichten Röstaromen.

Golden Gel
Blauschimmelkäse im süßen Weintrester, in einer Mischung aus Moscato, Gewürztraminer und Nosiola gereift. Zart schmelzend und mit fruchtig-pikantem Aroma.

Hotel Restaurant Café Bar Aktion // Interview Wissenswertes Rezept

GASTHOF OBERRAUT

Oberhalb von Bruneck im Pustertal liegt der Bilderbuchgasthof Oberraut. Am Gartenzaun stehen die Gänse und begrüßen einen ebenso wie der krähende Hahn. Im Hintergrund leuchten Blumenbeete, Wald und Wiesen. Dazu zieht einem der Duft der Ställe in die Nase und das alles andere als unangenehm, sondern eher als Garant, mitten in der bäuerlichen Idylle zu sein.

In der Slow-Food-Küche der Familie Feichter kommt alles von „Hof, Wald und Wiese" und ist so herzhaft wie delikat: Speck, Hirschschinken, Kräuterknödel und Salate, Rehnüsschen in Wacholdersauce oder Kaninchen in Speck gewickelt. Einheimische essen genauso gerne hier wie die Gäste des Hauses und alle schwärmen sie auch von den Apfelküchlein.

Getafelt wird in gemütlicher Stube, inmitten von Holz und unter Familienporträts. Schöner noch ist es, auf der idyllisch gelegenen Terrasse, an blau-weiß gedeckten Tischen und inmitten der bäuerlichen Szenerie zu essen. Mit Blick auf den hauseigenen Garten kann man die mit der Slow-Food-Schnecke ausgezeichnete Küche genießen, zu der ein kurvenreicher Weg führt. In Percha zweigt sich eine schlangenlinienförmige Straße ab, die Sie direkt zu dem malerischen Gasthof bringt, auf dem man in fünf einfachen und schlichten Zimmern auch übernachten kann.

Gasthof Oberraut Adresse: Amatner Str. 1, 39031 Bruneck
Tel: 0039 0474 559977 Preise: DZ ab 70 Euro inkl. Frühstück
Öffnungszeiten: Täglich 12.00 – 16.00 Uhr und 18.00 – 23.00 Uhr,
Donnerstag geschlossen

Hotel Restaurant Café Bar Aktion // Interview Wissenswertes Rezept

☞ Hotel La Perla

Die Lage im Gadertal ist besonders und der Weg ins La Perla ein kurvenreiches Erlebnis. Im Schatten der „Drei Zinnen" schraubt man sich langsam den Berg hinauf und hat dabei fantastische Aussichten. Das Hotel selbst ist eine Institution, vor allem im Winter trifft sich hier, wer etwas auf sich hält. Der Wellness-Bereich setzt ebenso auf Anspruch wie das Gourmet-Restaurant. Es gibt schöne schlichte Details und die Zimmer sind mit Wandmalereien und karierten Stoffen heimelig eingerichtet. Man muss den neureichen Trubel aber schon mögen, um im La Perla eine unbeschwerte Zeit zu haben.

Adresse: Str. Col Alt 105, 39033 Corvara
Tel: 0039 0471 831000, Internet: www.hotel-laperla.it
Preise: DZ ab 220 Euro inkl. Frühstück

👉 Hotel Drei Zinnen

Das 1930 von Clemens Holzmeister erbaute Hotel stammt aus der Pionierzeit des Südtiroler Tourismus und ist ein Hauptwerk der Tiroler Moderne. Während es innen ein leicht angestaubtes „Zauberberg"-Gefühl verströmt, bietet es von den Zimmern und der Holzterrasse aus eine wunderbare Aussicht auf die Bergwelt der Sextner Dolomiten.
35 Zimmer gibt es dort, das Publikum ist eher älter und die Umgebung ein besonderes Erlebnis. Hoch oben im Hochpustertal kann man wandern, klettern, mountainbiken und im Winter Ski fahren.

Adresse: St. Josef Straße 28, 39039 Sexten (Dolomiten)
Tel: 0039 0474 710321, Internet: www.hotel-drei-zinnen.com
Preise: DZ ab 136 Euro inkl. Frühstück, DZ ab 156 Euro inkl. HP

AUSFLUG ZUM PRAGSER WILDSEE

Eine gute Stunde lang wandert man vom Parkplatz am Pragser Wildsee einen schmalen Waldweg entlang und dann verschlägt es einem den Atem, wenn der Pragser Wildsee plötzlich vor einem liegt: ein türkisfarbener See, umgeben von dunkelgrünen Wäldern und den gewaltigen Felswänden der umliegenden Berge, die dramatisch ins Wasser zu stürzen scheinen. Kein Wunder, dass der Pragser Wildsee zu den schönsten Seen in den Dolomiten gehört. Er liegt im gleichnamigen Pragsertal, das zwischen Welsberg und Niederdorf vom Pustertal abzweigt.

Von hier aus kann man zahlreiche Bergtouren in die Umgebung machen, auf dem Dolomiten-Höhenweg Nr. 1 wandern und von oben atemberaubende Aussichten auf den See genießen. Wer es gemütlicher mag, kann in 3,5 Kilometern um den See herum spazieren oder eines der historischen Ruderboote leihen und die Bergkulisse vom Wasser aus bewundern.

Im Sommer kann man auch einen Sprung ins kalte Nass wagen, das in diesem Fall wirklich sehr kalt ist. Schließlich ist der Pragser Wildsee bis zu 36 Meter tief und liegt im Schatten hoher Berge. Eines ist allerdings garantiert: kristallklares glitzerndes Wasser, wie man es nur selten sieht.

Wer nicht so viel Zeit hat, kann zum historischen Hotel Pragser Wildsee (St. Veit 27, 39030 Prags) fahren, das direkt am Ufer liegt, und von dort aus das Panorama genießen.

Hotel   Restaurant   Café   Bar   Aktion   //   Interview   Wissenswertes   Rezept

☞ Alpe Pragas

Stefan Grubers Manufaktur liegt im Hochpustertal und ihr Ruf reicht weit über die Dolomiten hinaus. Berühmt ist sie für ihre klassischen Marmeladen wie Marille und Himbeere und für ihre außergewöhnlichen Chutneys aus Feigen und grünen Tomaten oder Birne und Safran.
Ein einzigartiges und gesundes Geschmackserlebnis sind seine Smoothies wie Heidelbeere, Marille oder Himbeer-Birne, ein vitaminreicher Snack aus purer Frucht, den man mittlerweile auch in Rom und New York trinken kann.

Adresse: Ausserprags 38, 39030 Prags
Tel: 0039 0474 749400, Internet: www.alpepragas.com
Öffnungszeiten: Montag – Freitag 8.00 – 12.30 Uhr und 14.00 – 18.00 Uhr, Samstag auf telefonische Anfrage

☞ Käserei Patzleiner

Neben allen Käsereikünsten ist vor allem der Pragser Käse ein Gedicht.
Auf 1.200 Meter Höhe lässt Bauer David Patzleiner ihn reifen, einen Rohmilchfrischkäse aus Ziegenmilch, wahlweise auch mit Kräutern.
Toll ist es auch, mit Kindern auf dem Hof vorbeizuschauen. Sie sind dort herzlich willkommen, können Heu schnuppern und Kühe streicheln. Patzleiners Käse wird man im Pustertal immer wieder begegnen, u.a. im Gasthof Oberraut.

Adresse: Lechnerhof 37, 39030 Prags, Tel: 0039 0474 748652
Internet: www.pragserkaese.com

VINSCHGAU UND SCHNALSTAL

Der Vinschgau ist ein Hochalpental und liegt zwischen Meran und Reschenpass. Seine Landschaft ist faszinierend kontrastreich. Zartrosa blühende Obstbäume und schneebedeckte Berggipfel, weitläufige grüne Täler und grandiose Gletscher, dazu viele kleine, uralte Kirchen.

Der Ortler mit seinen 3.095 Metern ist der höchste Berg Südtirols und ebenso ein Wahrzeichen der Region wie der im Reschensee halb versunkene Kirchturm von Graun aus dem 14. Jahrhundert. Das beliebte Fotomotiv ist Mahnmal einer Tragödie: 1950 fiel das gesamte Dorf dem Stausee eines Elektrizitätswerkes zum Opfer und wurde komplett zerstört.

Biegt man kurz hinter Naturns ins Schnalstal, dem ersten großen Seitental des Vinschgau, findet man ursprüngliches Südtirol. 25 Kilometer lang schlängelt sich der Weg durch fünf malerische Dörfer und bis in die Gletscher der Ötztaler Alpen hinein. Er führt über das historische und idyllische Klosterdorf Karthaus bis zum Talende nach Kurzras und von dort aus geht eine Seilbahn ins Gletscherskigebiet und zur Schutzhütte Schöne Aussicht, die genau diese bietet. Einmal sollte man auch auf einem der Waalwege entlangspazieren, die sich bis nach Meran ziehen. Sie führen an kleinen Kanälen entlang, die vor Jahrhunderten angelegt wurden, um die Sonnenhänge zu bewässern, und sind sehr idyllisch. Besonders schön ist es, auf dem Vinschger Waalweg zu wandern, der von Tschars aus zu Reinhold Messners Schloss Juval führt. In dessen Schatten liegt der Buschenschank Schlosswirt, wo man sich mit Monika Schlötzhorns Südtiroler Spezialitäten stärken kann.

Hotel Restaurant Café Bar Aktion // Interview Wissenswertes Rezept

HOTEL ZUR GOLDENEN ROSE

Zwischendurch fragt man sich, wie Stefania Grüner das alles schafft. Drei Kinder hat sie, umsorgt dazu die Gäste mit Hingabe und schwirrt den ganzen Tag durch ihr Hotel, wo sie sich von der Blumendekoration bis zu dem tollen Frühstück einfach um alles kümmert. Und dann auch noch um den hauseigenen Gemüse- und Kräutergarten, aus dem vieles wunderbar frisch auf den Tellern der Gäste landet. Das passende Getreide dazu kann man sich morgens selber mahlen und schon mal einen Blick auf das 4-Gänge-Menü werfen, um auszuwählen, was man am Abend essen möchte: Fisch, Fleisch oder Knödel-Spezialitäten – die genussvolle Variante des Klosterlebens, das in dem idyllischen Schnalstaler Bergdörfchen einst stattfand. Auf dessen Sonnenseite liegt die Goldene Rose, ein Wohlfühlort mit getäfelten Stuben, Zirbelholzmöbeln, einem Spa mit Heubank und Sauna und einem Kaminzimmer, in dem man sich die Zeit mit einem antiken Meraner Tischkegelspiel vertreiben kann. Auch Stefania Grüners Mann Paul ist alles andere als untätig. Er ist nicht nur Knödelspezialist und Hüttenwirt der Schönen Aussicht, die auf 2.845 Meter Höhe weit über der Goldenen Rose liegt, sondern hat zudem die Gletscher-Kosmetiklinie Glacisse entwickelt. Regelmäßig kommt er ins Tal hinunter und weist den Gästen den Weg in den Weinkeller mit seiner großen Auswahl an Südtiroler Weinen. Man kann sie vor Ort probieren und mit nach Hause nehmen.

Hotel Zur Goldenen Rose Adresse: Karthaus 29, 39020 Schnalstal
Tel: 0039 0473 679130 Internet: www.goldenerose.it
Preise: DZ 135-190 Euro inkl. HP

Hotel Restaurant Café Bar Aktion // Interview Wissenswertes Rezept

👉 Karthaus

Noch heute spürt man den Geist des Karthäuser-Klosters Allengelberg, das 1326 in dem Bergdorf gegründet wurde. Bis 1782 lebten zwölf schweigende Mönche hier und führten ein strenges Klosterleben. Obwohl 1924 ein Brand wütete, blieb viel Interessantes erhalten. Darunter der Kreuzgang, in dem im Sommer Bilder Südtiroler Künstler zu sehen sind, die Klosterküche mit ihren mystischen Zeichen und die Heilig-Geist-Grotte. Interessant auch die Schautafel, die in der Nähe der Kirche aufgestellt ist und auf der man sehen kann, wie aus der Klosteranlage heraus die Ortschaft entstanden ist.
Auf dem schönen Dorfplatz nebenan findet von Juli bis Ende August montags der Wochenmarkt statt.

Hotel Restaurant Café Bar Aktion // Interview Wissenswertes Rezept

SCHÖNE AUSSICHT

Mitten im Ötztaler Gletschergebiet und auf 2.845 Meter Höhe steht die Schöne Aussicht. Sie ist das Herzensprojekt von Paul Grüner. Schon in seiner Kindheit kam er immer wieder an den schneebedeckten abgelegenen Ort. Heute empfängt er seine Gäste dort. Nach und nach hat er die Schutzhütte umgebaut, lauschige Zimmer mit viel Holz und rot-weiß karierter Bettwäsche eingerichtet und die höchstgelegene Sauna Europas, in der man sich inmitten des Eises aufwärmen kann. Die Schöne Aussicht ist ein wirklich besonderer Ort. Direkt am Gletscher gelegen, von grandiosem Alpenpanorama umgeben und einer Stille, wie man sie nur dort oben findet.

Weil die knackig frische Luft so wunderbar hungrig macht, serviert Paul Grüner herzhafte Südtiroler Küche. Legendär sind die Knödel und Lammrippchen und die Weine und Brände, die man dort oben trinken kann, sind so ausgewählt wie im Tal.

Auch die Anreise mit Liften, auf Skiern oder dem Motorschlitten ist einzigartig. Der Aufstieg zu Fuß dauert zwei Stunden.

Schöne Aussicht Adresse: Kurzras, 39020 Schnalstal
Tel: 0039 0473 662140 Internet: www.schoeneaussicht.it
Preise: DZ ab 44 Euro inkl. Frühstück, DZ ab 54 Euro inkl. HP

Hotel Restaurant Café Bar Aktion // Interview Wissenswertes Rezept

☞ Glacisse – Kosmetik aus der Lithosphäre

Fasziniert von dem Glimmerschiefer des Schnalstaler Gletschers begann Paul Grüner zu erforschen, wie man dessen Heilkraft für Naturkosmetik nutzen kann. Er studierte das Buch „Das Leben der Gletscher" von Dr. Götsch, der 1864 darüber schrieb, welche heilende Wirkung Aufenthalte am Gletscher haben können. Nicht nur gute Laune sollen sie machen, sondern auch schwere Krankheiten heilen. Das nahm Paul Grüner zum Anlass, aus Glimmerschiefer, der für ihn die kraftvolle Essenz des Gletschers enthält, die Kosmetiklinie Glacisse (www.glacisse.it) zu entwickeln. Mineralkomplexe aus den Tiefen des Gletschers werden dafür mit Quellwasser aus 2.843 Metern vermischt. Von der Augencreme bis hin zum Duschgel basieren seine Produkte auf dieser Formel.

☞ Übernachten im Zollhaus

Wer es noch einsamer haben möchte, kann im ehemaligen Zollhaus an der Grenze zu Österreich übernachten. Es ist mit Holzherd und Tafelsilber ausgestattet, man kann selber kochen oder sich von der Schönen Aussicht versorgen lassen.
Die Hütte für Zwei liegt wenige hundert Meter entfernt und direkt an der Schneise, durch die im Sommer Tausende Schafe ins Ventnertal getrieben werden.

Preise: Hütte pro Tag 110 Euro, Frühstück und Dinner 70 Euro für 2 Personen, Dinner im Schutzhaus 40 Euro für 2 Personen

Hotel Restaurant Café Bar Aktion // Interview Wissenswertes Rezept

☞ „Ö" wie Knödel

Paul Grüner liebt nicht nur den Gletscher, sondern auch die traditionelle Südtiroler Küche und ganz besonders den Knödel. Mit seinem „Ö" wie Knödel-Konzept verhilft er ihnen, den Anschluss an die moderne Küche zu finden. In seinem Angebot finden sich nicht nur Klassiker wie Speck-, Spinat- oder Käseknödel, sondern auch Kreationen mit Trüffeln oder Schokolade.
Köstlich sind sie alle, aber wirkliches Highlight sind die Rote-Bete-Knödel mit Gorgonzola. Hergestellt werden sie allesamt von Bäuerinnen im Schnalser Katharinaberg und dann in der Goldenen Rose und in der Schönen Aussicht serviert. In der Goldenen Rose gibt es eine eigene Knödelkarte samt mehrgängigem Knödel-Degustationsmenü. Paul Grüners persönlicher Liebling dabei ist der süße Schokoladenknödel mit Pflaumensauce.

Hotel Restaurant Café Bar Aktion // Interview Wissenswertes Rezept

SCHLOSSWIRT JUVAL

Die Schlosswirtin Monika Schölzhorn war sieben Jahre Sennerin. Sie hat das Kochen von der Mutter gelernt und in ihrem Gasthaus, das zum Schloss Juval von Reinhold Messner gehört, geht es zünftig zu. Auf der Karte steht, was der Hof hergibt: Filet vom Jungschwein, das gerade geschlachtet wurde, Käse, Speck, Salami oder Weißwürste und Leberkäse vom Restfleisch, denn in Schölzhorns Küche wird das ganze Tier verwendet.

Den besten kulinarischen Überblick kann man sich mit dem Juval-Teller verschaffen, eine Wurst- und Käse-Jause, die quer durch die kalte Küche führt. Den Speck sollten Sie sich dabei aber nicht zu dick aufs Brot schneiden, denn hauchdünn schmeckt er für die Schlosswirtin am besten und es tut ihr jedes Mal im Herzen weh, wenn dieser Genuss an den Gästen vorbeigeht. Geht man vom Vinschger Bauernladen zu Fuß zum Gasthaus, führt der Weg durch Weinstöcke Schritt für Schritt in eine ganz eigene Welt hinauf. Natürlich kann man auch das Auto nehmen, aber nach dem Gang, der rund eine Stunde dauert, schmecken einem die Spezialitäten der Schlosswirtin noch besser. Ein krönender Abschluss ist ihre Vinschger Schneemilch mit Orangenkaramell, eine Feiertagssüßigkeit, die sie als Sennerin kennengelernt hat und die jeden Tag auf der Karte steht.

Schlosswirt Juval Adresse: Juval 2, 39020 Kastelbell-Tschars
Tel: 0039 0473 668056 Internet: www.schlosswirtjuval.it
Öffnungszeiten: März – November: Sonntag – Dienstag 10.00 – 19.00 Uhr,
Donnerstag – Samstag 10.00 – 24.00 Uhr, Mittwoch geschlossen

Hotel Restaurant Café Bar Aktion // Interview Wissenswertes Rezept

☞ Vinschger Bauernladen

Am Fuße des Juvaler Hügels liegt der Vinschger Bauernladen, der ebenfalls zum Imperium von Reinhold Messner gehört. Hier gibt es alles, was die Vinschger Bauern an regionalen Köstlichkeiten zu bieten haben. Aus 80 heimischen Betrieben stammen hausgemachte Säfte und Marmeladen, Speck und Käse von kleinen Almen, Brot aus dem Obervinschgau, dazu Kräuter, Honig, Weine und Brände. Perfekt, sich hier einen Snack für zwischendurch zusammenzustellen oder ein paar Mitbringsel zu erstehen.

Adresse: Hauptstraße 78, 39025 Naturns, Tel: 0039 0473 667723
Internet: www.bauernladen.it
Öffnungszeiten: Montag – Freitag 9.00 – 18.00 Uhr, Samstag 9.00 – 17.00 Uhr, Sonntag 14.00 – 18.00 Uhr

MERAN UND UMGEBUNG

Schon Kaiser und Könige, Dichter und Denker haben sich in Südtirols zweitgrößter Stadt erholt und Jugendstilbauten wie das Kurhaus und die Wandelhalle erzählen noch heute von Merans mondäner Vergangenheit als Kurstadt um 1900. Aus dieser Zeit stammt auch das Café König auf der Freiheitsstraße. Trinkt man dort auf der Sonnenterrasse einen Kaffee, spürt man die Historie und ist gleichzeitig mitten drin im mediterranen Stadttreiben. Nachhaltiges Südtirol hingegen findet man ein paar Hausnummern weiter bei Pur Südtirol, einem kulinarischen Concept-Store, der in der Region einzigartig ist.

Um Meran näher zu erkunden, bieten sich die berühmten Meraner Promenaden an, bequeme Spazierwege von insgesamt 60 Kilometer Länge, die sich durch die Altstadt und sanft an den Hängen der umliegenden Berge entlang ziehen. Die schönste Promenade ist der Tappeinerweg. Vom Pulverturm aus kann man ihn in vier Kilometern bis nach Gratsch spazieren. Dabei hat man den schönsten Blick über die Dächer der Altstadt und auf die vielen Burgen und Schlösser des Etschtals. Wer weiter laufen und etwas aus dem schon sehr touristischen Meran hinaus kommen möchte, kann von dort aus über den Algunder Waalweg bis ins schöne Algund wandern. Das idyllische Dorf mit seinen saftig grünen Obstgärten, sanft geschwungenen Hügellandschaften und farbenfrohen Weinreben schlängelt sich gleich über mehrere Ebenen bis zu den Hochalmen hinauf. Mittendrin liegt der Schnalshuber Hof, ein einzigartiger Buschenschank, in dem Sie unbedingt einkehren und den hausgemachten Bauernspeck probieren sollten.

Hotel Restaurant Café Bar Aktion // Interview Wissenswertes Rezept

VIGILIUS MOUNTAIN RESORT

Als das Vigilius Mountain Resort 2000 eröffnete, war es das erste Designhotel in Südtirol und sein Credo „ankommen, loslassen und glücklich sein" erfüllt sich bis heute. Auf 1.500 Metern und nur mit der Seilbahn erreichbar hat der Architekt Matteo Thun ein „geheimes Versteck im Wald" geschaffen, das sich mit seiner Lärchenholzfassade perfekt in das Naturschutzgebiet Vigiljoch einfügt und fast in ihm aufzugehen scheint. So spektakulär schlicht wie das Außen sind auch die großzügigen Räumlichkeiten: Lichtdurchflutete Flure mit Holzskulpturen des japanischen Künstlers Hideki iinuma führen zu den 35 klaren und schnörkellosen Zimmern und sechs Suiten, dem Gourmet-Restaurant 1500, der rustikalen Stube Ida und dem einzigartigen Mountain Spa, einem der schönsten, das wir kennen. Dort kann man sich im solehaltigen Quellwasserpool und mit Blick auf die Lärchen treiben lassen, den Tag mit Yoga beginnen und bei Shiatsu oder im Heubad neue Energie tanken. Die Böden sind aus warmem Holz, die Treppenstufen aus Silberquarz, überall prasseln Kaminfeuer und in der Bibliothek warten Filmklassiker, die man entweder in der Lounge oder auf dem eigenen Zimmer schauen kann – und egal ob vom Bett oder der Badewanne, der Blick geht immer in die Natur: ins Etschtal, auf die umliegenden Berge und die Dolomiten in der Ferne. Ein wunderbares Gefühl der Unendlichkeit.

Vigilius Mountain Resort Adresse: Pawigl 43, 39011 Lana, Vigiljoch
Tel: 0039 0473 556600 Internet: www.vigilius.it Preise: DZ ab 340 Euro inkl.
Frühstück Anfahrt Seilbahn: alle 30 min, Winter: 9.00 – 12.30 Uhr und
13.30 – 17.00 Uhr, Sommer: 8.00 – 19.30 Uhr, danach stündlich bis 23.00 Uhr

☞ Kulinarische Höhenflüge

Für gutes Essen und spektakuläre Ausblicke steht das Vigilius auch Tagesgästen offen. Möchte man es eleganter, kann man im 1500 raffinierte lokale Küche von Mauro Buffo genießen, der im El Bulli gearbeitet hat. Zünftiger geht es in der Stube Ida zu, wo man an Holztischen um einen alten Bauernofen herumsitzt und bodenständige Südtiroler Gerichte und Kuchen serviert bekommt. Großartig ist der Blick ins Tal auch abends, wenn die Lichter angehen. Lassen Sie sich dafür auf der Terrasse der Stube Ida nieder oder reservieren Sie im 1500 einen Fensterplatz.

Tel: 0039 0473 556600, abends unbedingt reservieren
Öffnungszeiten: Stube Ida: 11.00 – 21.30 Uhr
Restaurant 1500: 18.30 – 21.30 Uhr

Hotel Restaurant Café Bar Aktion // Interview Wissenswertes Rezept

☞ Alpengarten Vigiljoch

1912 wurde das Vigiljoch als eine der ersten Hochebenen mit der Seilbahn erschlossen und schnell zum beliebten Sommerfrische-Ziel der Einheimischen und zum Erholungsgebiet für prominente Kurgäste aus Meran. Auch heute noch ist es eines der beliebtesten Ausflugsziele mit seinem romantischen Kirchlein St. Vigilius und den sprudelnden Vigiljocher Quellen, aus denen das Meraner Mineralwasser stammt. Die sanften Hänge mit ihren duftenden Lärchenwäldern und der weite Blick auf das herrliche Bergpanorama mit seinen Almen und Hütten ist das ganze Jahr über ein Hochgenuss. Auch wenn Sie nicht im Vigilius wohnen, sollten Sie unbedingt dort hinauf fahren und etwas wandern.

Infos unter: www.vigilio.com

Hotel Restaurant Café Bar Aktion // Interview Wissenswertes Rezept

PERGOLA RESIDENCE

Wie das Vigilius Mountain Resort stammt auch diese Apartment-Residenz von dem Architekten Matteo Thun. Das Konzept: Die Gäste sollen sich wie in ihrer Eigentumswohnung fühlen, "home away from home", mit dem Schlüssel für ihr Apartment und den Weinkeller – und dem Luxus in angenehmer Abgeschiedenheit alle Zeit der Welt für sich zu haben.

Jenseits vom klassischen Tourismus steht die Pergola Residence für eine neue Südtiroler Lebensart, für ein "zurück zu den Wurzeln", und das mitten in der Natur.

Auf die schaut man durch hohe Glasfronten, umgeben von Holz, Stein und warmen Erdtönen oder von der nach Süden ausgerichteten Panoramaterrasse. Der Komfort steckt im Detail. Von der eigenen Terrasse bis zum Spa findet der moderne Reisende alles, was er braucht, um es sich entspannt gut gehen zu lassen, um Ruhe, Abgeschiedenheit und Ausblick zu genießen: wahlweise bei einem Glas aus dem Pergola-Weinkeller, Speck und Schüttelbrot vom Bauern oder Pasta – Selbstversorgung auf höchstem Niveau.

Das Frühstücksbuffet hingegen wird in der Pergola Lounge, einer modernen Version der Südtiroler Stube, angerichtet. Alles kommt vom Bauern und ist gut und gesund: vom Getreidebrei, dem Speck und dem Käse über die frisch gepressten Säfte zum Strudel, den die Hausherrin Frau Innerhofer höchstpersönlich backt.

Pergola Residence Adresse: St. Kassianweg 40, 39022 Algund
Tel: 0039 0473 201435 Internet: www.pergola-residence.it
Preise: Apartment ab 220 Euro inkl. Frühstück

👉 Leiter am Waal

Möchte man die Pergola Residence doch einmal verlassen, lohnt sich der Weg ins Leiter am Waal: ein Wirtshaus mit Tradition, einer gemütlichen Stube, heimischen Spezialitäten wie Hausschinken, Südtiroler Vorspeisentris oder frisch geräucherter Bachforelle und einer Terrasse mit atemberaubendem Blick auf das Etschtal und die umliegenden Berge.

Besonders sind auch die hauseigenen Apfelgerichte wie Apfelrisotto oder Tarte mit saftig reifen Früchten, die direkt von den Wiesen rund um den Leiter am Waal kommen. Direkt am Algunder Waalweg gelegen ist das Restaurant ein perfekter Start oder Abschluss, wenn man sich auf eine Wanderung entlang der Waalwege begibt.

Waalweg: Mitterplars 26, 39022 Algund, Tel: 0039 0473 448716
Internet: www.leiteramwaal.it, Öffnungszeiten: Montagabend und Dienstag geschlossen

Hotel Restaurant Café Bar Aktion // Interview Wissenswertes Rezept

☞ Waalwege

Der Vinschgau, der direkt an das Meraner Land grenzt, ist das niederschlagärmste Tal der gesamten Alpen. Im Norden vom Alpenhauptkamm geschützt, im Süden vom Ortlermassiv abgeschirmt, regnet es hier nur sehr selten. Und weil das so ist, mussten die Bauern seit jeher ihre Wiesen und Felder künstlich bewässern. Bis vor wenigen Jahrzehnten geschah dies über Waale, mühsam angelegte Rinnen, die Wasser von den Bergquellen und den Gletschern dahin brachten, wo keines war. Mittlerweile haben künstliche Bewässerungsanlagen die Waale ersetzt. Nach wie vor aber verlaufen Wanderwege an den Waalen entlang. Einer ist schöner als der andere und ein guter Einstieg ist der Algunder Waalweg, der am Leiter am Waal vorbei führt.
Oberhalb von Algund verläuft er Richtung Meran, ist sechs Kilometer lang und wenn man gemütlich geht, dauert es ungefähr zwei Stunden sie zurückzulegen. Der Algunder Waalweg ist größtenteils in seinem ursprünglichen Zustand erhalten und führt durch Obstwiesen, Weinberge und den Wald. Besonders schön sind auch das alte Dorf von Algund Mühlbach und die herrlichen Aussichtspunkte, von denen man seinen Blick über das gesamte Etschtal schweifen lassen kann.

Route: von Ober- und Mitterplars über Algund bis nach Gratsch
Wegnummern: 7, 25A, 29 und 29A
Gut parken kann man an der Vinschgauer Straße in Töll. Von dort aus geht man über die Etschbrücke Richtung Oberplars. Der Waalweg ist gut ausgeschildert. Aber Achtung: Gehen Sie ihn lieber unter der Woche, denn am Wochenende ist er schon mal überlaufen.

Hotel Restaurant Café Bar Aktion // Interview Wissenswertes Rezept

SCHNALSHUBER HOF

„Je fetter, je besser" ist, was man auf dem Schnalshuber Hof als erstes lernt, wenn Buschenwirt Christian Pinggera oder sein Vater Hans das Brettl mit Speck auf den Holztisch stellt, das Schüttelbrot dazu und ein Glas vom einfachen Vernatsch serviert. Der perfekte Einstieg in die Küche der Bauernfamilie, die ihre Schenke Ende der 90er eröffnete. Heute muss man reservieren, um auf der weinumrankten Terrasse einen Platz zu finden oder in der pittoresk verwitterten Stube, deren Wände mit Zeitungen überzogen sind, die bis ins 19. Jahrhundert zurück reichen. Dienten sie einst als Isolierschutz, sind sie heute ein Wahrzeichen des Schnalshuber Hofes. Ein anderes sind die Wirte selbst, die freundlich grantelnd die Gäste bedienen, ihnen die hohe Kunst des Speckschneidens erklären oder was es heute sonst noch zu essen gibt. Dazu gehören Käseknödel, Schlutzer und deftige Braten – alles biologisch versteht sich. So schwierig das Entree in dem Buschenschank sein kann, wenn man zum ersten Mal hier ist oder nicht reserviert hat, so besonders ist der Service für die Stammgäste. Die dürfen vorher anrufen und sich wünschen, was am Abend für sie auf dem Tisch steht wie der Rippchenbraten von Mutter Rosa, der beim letzten Mal so wunderbar geschmeckt hat.

Das alles genießt man in vollen Zügen inmitten von Apfelhängen und umgeben von Hühnern und einem Pfau, der stolz in den Reben sitzt.

Schnalshuber Hof Adresse: Oberplars 2, 39022 Algund
Tel: 0039 0473 447324 Öffnungszeiten: Donnerstag – Sonntag ab 17.00 Uhr

☞ Original Südtiroler Bauernspeck

Auf keinen Fall darf man den Südtiroler Bauernspeck mit dem Südtiroler Speck verwechseln. Denn nur der echte Bauernspeck stammt von heimischen Schweinen, einer Kreuzung aus Duroc und Landrasse, die artgerecht auf kleinen Höfen heranwächst und für hohe Qualität steht. Neben dem Schlegel werden ganz traditionell auch Schopf-, Schulter-, Karree- und Bauchteile des Schweins verarbeitet und so möglichst viel vom Tier verwertet.

Den guten Bauernspeck erkennt man an seiner deutlichen Fettmaserung, seiner mürben Konsistenz, dem feinen, buttrig-nussigen Aroma und dem blauen Etikett. Er wird mit Salz und speziellen Kräutern eingerieben und muss vier Wochen hängen, um die Würze aufzunehmen. Danach wird er etwa vier Wochen langsam unter Buchenholz geräuchert und anschließend für acht bis zehn Monate luftgetrocknet.

Im Schnalshuber Hof kommt er ausschließlich von Bioschweinen, die in den Bergen auf 1.000 Meter Höhe leben und Alpenkräuter wie Enzian und Edelweiß fressen. Der beste Speck ist der von der Schulter, sagt Buschenwirt Christian Pinggera, in dessen Speckkeller gut gereifte Schätze wie Berggestein von der Decke hängen. Auch wenn sie von Außen sehr ähnlich aussehen, ist jeder Speck anders. Was einen erwartet, sieht man erst, wenn man ihn anschneidet.

KALLMÜNZ

Das erwartet man wirklich nicht mitten in Meran: Ein Neapolitaner, der in der Küche steht und dazu ein Japaner, der bedient und gleichzeitig der Sommelier des Restaurants ist. So eigensinnig wie diese Kombination ist auch die Karte des Kallmünz, auf der steht, was dem Chefkoch Luigi Ottaiano gefällt. Vor allen Dingen biologisch muss es sein, sehr sommerlich, sehr pur und sehr besonders. Essen ist für ihn eine ernste Angelegenheit, bewusst essen eine Philosophie und das Kochen eine Leidenschaft.

Mit Begeisterung erklärt er jedem die Karte, auf der Tatar vom Kobe-Rind ebenso steht wie Schattenfisch-Carpaccio mit gesalzenen japanischen Pflaumen, Steinbutt mit Radicchio und kandiertem Ingwer. Eine Besonderheit: das vier- bis fünfgängige Degustations-Menü, das man wahlweise mit Fisch (ab 48 Euro) oder Fleisch (ab 50 Euro) genießen kann. Und dazu empfiehlt Masashi Yamashita die passenden Weine.

Wo man heute eine erfrischend andere Auszeit von der Tiroler Küche nehmen kann, war früher ein Pferdestall, an den heute noch ein altes Holzpferd erinnert. Der Rest der Einrichtung ist schlicht und mit charmanten Details. Man kann einfach hereinkommen, die Karte studieren, die sich wunderbar selbst erschließt, und in Ruhe genießen, entweder in der Stube oder draußen im idyllischen Garten direkt am Sandplatz und dennoch wunderbar zurückgezogen.

Kallmünz Adresse: Sandplatz 12, 39012 Meran Tel: 0039 0473 212917
Internet: www.kallmuenz.it Öffnungszeiten: Dienstag – Sonntag
12.00 – 14.00 Uhr und 19.00 – 22.00 Uhr, Montag geschlossen

CAFÉ KÖNIG

Im Café König geht man zurück in der Zeit. Nicht gerade nach 1893 als das Café von dem Konditormeister Franz König gegründet wurde, sondern eher irgendwo zwischen die 70er und 80er Jahre. Im Café selbst sitzt man zu Hydrokultur auf braun-lila bezogenen Stühlen und es ist eine Zeitreise, die sich durchaus lohnt. Denn in dem alteingesessenen Oma-Café gibt es die besten Kuchen, Gebäcke und Pralinen von Meran – alle handgemacht in der hauseigenen Konditorei. Besonders köstlich sind die Mocca-Windbeutel und die herrlich fruchtige und sahnig-luftige Buchweizen-Johannisbeerrolle. Möchte man diese in etwas italienisch angehauchter Atmosphäre genießen, stellt man sich zu einem kurzen caffè an die Bar umgeben von den großen gläsernen Kuchentheken, den 50 verschiedenen Pralinensorten, Marmor und Stimmengewirr. Heute wird im Café König in vierter Generation nach Wiener Tradition gebacken, noch immer direkt an der Freiheitsstraße und mittendrin im Meraner Stadttreiben.

Wollen Sie das hautnah miterleben, können Sie sich auch auf die Terrasse direkt vor dem Café setzen.

Café König Adresse: Freiheitsstraße 168, 39012 Meran
Tel: 0039 0473 237162 Internet: www.cafe-koenig.com
Öffnungszeiten: Montag – Samstag 9.00 – 18.00 Uhr, Sonntag geschlossen

Hotel   Restaurant   Café   Bar   Aktion   //   Interview   Wissenswertes   Rezept

PUR SÜDTIROL

Direkt neben dem Meraner Kurhaus liegt diese Wunderkammer Südtiroler Spezialitäten. Über 1.500 Produkte werden dort angeboten und nicht nur sie sind ein Genuss, sondern auch die Art, wie sie präsentiert werden: in historischen Räumen und Kisten, die in ihrem Design alten „Harassen", Obst- und Gemüsekisten, nachempfunden sind und deren Holz von heimischen Apfelbäumen stammt. Der junge Designer Harry Thaler hat daraus ein großartiges modulares Regalsystem geschaffen, das dem Pur einen ganz eigenen Stil gibt. In dem Genussmarkt, wie Günther Hölzl und Ulrich Wallnöfer ihren kulinarischen Concept-Store nennen, kann man nicht nur einkaufen, sondern das Meiste auch probieren und im Café an großen Holztischen süße Strudel und pikante Brett'ln essen.

In Südtirol gibt es keinen Ort wie diesen und eigentlich ist er auch perfekt, um am Schluss einer Reise die Köstlichkeiten, die einem besonders gut geschmeckt haben, als Mitbringsel zu kaufen. Im Pur gibt es sie: vom Stilfser Kräutertee über die 100 verschiedenen Käse, 11 Sorten Speck, die im Keller hängen, zu den Weinen, die Sie im Restaurant getrunken haben.

Das Pur bezieht seine Produkte von den abgelegensten Almen, kleinsten Höfen, von Sennern und biologischen Keltereien. In Südtirol gibt es so viel Gutes, sagt Günther Hölzl, dass Kilometer Zero kein Problem ist.

Pur Südtirol   Adresse: Freiheitsstraße 35, 39012 Meran
Tel: 0039 0473 01214   Internet: www.pursuedtirol.com
Öffnungszeiten: Montag – Samstag 9.30 – 20.00 Uhr

🖝 Unsere Lieblingsprodukte

S'pom Apfelsekt
Eine Wiederentdeckung des fruchtigen, spritzigen Apfelsektes, dessen Tradition bis zum Anfang des 20. Jahrhunderts zurückgeht. Er ist der erste, der wieder in Südtirol produziert wird, entwickelt von Thomas Kohl vom Troidnerhof am Ritten und dem Öko-Delikatessenladen Pur Südtirol. Passt wunderbar zu Südtiroler Süßspeisen wie Strudel oder Schmarrn.

Mini-Schüttelbrot Krockys
Original Südtiroler Mini-Schüttelbrot aus Roggenvollkornmehl aus dem Ahrntal und nach dem Traditionsrezept von Bäckermeister Helmuth Profanter.

Latschenkieferschokolade Oberhöller
Dunkle Fair Trade Bioschokolade mit 60 Prozent Kakaoanteil und einem Hauch Latschenkiefernöl aus dem Südtiroler Sarntal. Spezialität und Eigenkreation von Anton Oberhöller mit fein minzigem und waldfrischem Geschmack.

Tee Stilfser Bergkräuter
Feinste Bergkräuter wie Malve, Nachtkerze, Ringelblume und Kamille, die von Siegfried Platzer im eigenen Kräutergarten und im Naturpark Stilfser Joch gesammelt und zu wunderbaren Kräutertees gemischt werden. Benannt nach alten Flurbezeichnungen wie Gaschaun oder Pfarlweg und liebevoll mit einer farbigen Schleife verpackt.

Getrocknete Früchte
Köstliches Dörrobst vom Kandlwaalhof im Vinschgau, wo die Früchte ganz natürlich an sonnigen Hängen auf 900 Meter Höhe reifen. Wunderbar aromatisch und von intensiver Farbe sind Marille oder Erdbeere.

SMART TRAVELLING

GUT ZU WISSEN

Südtirol ist groß, darum ist dieser Infoteil so klein. Hier erfahren Sie nicht alles und jedes, sondern genau das, was Sie für eine perfekte Woche brauchen. Wenige, aber genau die richtigen Informationen: Wissenswertes über die Südtiroler Lebensart, eine kleine subjektive Auswahl an Sehenswürdigkeiten, Spaziergängen und Tipps für Unternehmungen. Dazu eine Karte mit all unseren Lieblingsadressen, damit Sie nicht lange suchen müssen, sondern gleich anfangen können, Südtirol zu genießen.

SÜDTIROL UND DIE SPRACHEN

Genauso fließend wie die Übergänge von Nord nach Süd sind auch die Sprachen in Südtirol. Vom schön gefärbten Deutsch voller Eigenheiten bis zum temperamentvollen Italienisch. Die meisten Südtiroler sprechen gleich beides und „Grüß Gott" und „Buongiorno" gehören genauso zusammen wie der Aperitivo und das Kartenspielen am Abend.

Eine kulturelle Grenzüberschreitung, die auch in der Geschichte Südtirols begründet liegt. 1919 wurde das Gebiet südlich des Brenners vom österreichischen Tirol losgelöst und Italien zugesprochen. So wurden die Wege des Landes, das 500 Jahre zu Österreich gehörte, geteilt.

Insgesamt gibt es aber sogar drei Südtiroler Landessprachen. In Gröden und im Gadertal wird ladinisch gesprochen, eine alte rätoromanische Sprache, die sich aus der rätischen Sprache ursprünglicher Volksstämme und dem Latein römischer Eroberer entwickelte. Sie gehört zu den kleinsten Sprachkulturen Europas und wird an den Schulen im ladinischen Teil von Südtirol auch heute noch unterrichtet.

TYPISCH SÜDTIROL: WATTEN

Wer die Südtiroler wirklich kennenlernen will, der muss mit ihnen „Watten" (Karten) spielen. An Wirtshaustischen und gerne bis in die Nacht. Gespielt wird es in den tiefen Tälern Südtirols, meist mit 32 Karten und vier Personen, wobei die Gegenübersitzenden jeweils zusammenspielen. Jeder bekommt fünf Karten und los geht's. Das Paar, das als erstes drei Stiche hat, gewinnt das Spiel. Italienische Eisenbahnarbeiter sollen das Kartenspiel Mitte des 19. Jahrhunderts in die Südtiroler Bauernstuben gebracht haben. So lässt sich „watten" vom italienischen „battere" ableiten, was so viel wie „schlagen" oder „klopfen" bedeutet. Allgemeingültige Spielregeln gibt es nicht, je nach Tal variieren die Spielregeln, und treffen sich zum Beispiel Traminer Bauern mit denen aus dem Sarntal wird erst mal heftig diskutiert, ob nun im oder gegen den Uhrzeigersinn gespielt wird. Beim Watten geht es aber auch um das gesellige Zusammensein und zwischen den Partien werden Krüge voll Wein getrunken und Schüttelbrot und Hausmacherwurst gegessen. Und am Ende zahlt ganz sympathisch, wer gewinnt.

KULTUR, DIE MAN NICHT VERPASSEN SOLLTE

Südtiroler Archäologiemuseum
Die Sensation dieses Museums ist Ötzi, der Mann aus dem Eis, den die Nürnberger Urlauber Erika und Helmut Simon im September 1991 fanden, als sie zum Wandern in

den Ötztaler Alpen unterwegs waren. Sie waren erschrocken über das bräunliche Wesen, das in einer mit Schmelzwasser gefüllten Mulde lag, meldeten den Fund – und sorgten für eine Sensation. 5.000 Jahre lag die Mumie dort von Schnee und Eis überdeckt und ist samt Kleidung und Ausrüstungsgegenständen gut erhalten. Im Südtiroler Archäologiemuseum ist Ötzi aus konservatorischen und ethischen Gründen in einem abgedunkelten Raum untergebracht. Die Besucher werden an einem kleinen Fenster vorbeigelotst. Bis Dezember 2011 wird zum 20. Jahrestag des Ötzi-Fundes auf allen vier Stockwerken des Museums eine umfassende Jubiläumsausstellung gezeigt.

Museumstraße 43, 39100 Bozen
Tel: 0039 0471 320100
www.iceman.it/de
Dienstag – Sonntag 10.00 – 18.00 Uhr

Messner Mountain Museum
Drei ineinander gerückte MMM, die wie ein Bergmassiv aussehen, sind das Markenzeichen des Messner Mountain Museums. Es ist ein Megaprojekt mit fünf verschiedenen Standorten und wird deshalb von manchen als Denkmal verspottet, das Reinhold Messner sich schon zu Lebzeiten setzen will. Vor allem aber sind die Museen eine Wunderkammer, die auf verschiedenste Weise die Bergwelt und Umgebung vor einem ausbreitet. Auf Schloss Sigmundskron nahe Bozen befindet sich Firmian, der Hauptsitz des MMM. Jahrelang ließ Messner die verfallene Burg restaurieren, 2006 wurde sie mit Verwaltungsräumen, einem Felsentheater und riesigen Ausstellungsflächen wiedereröffnet. Dort geht es mit Bildern, Skulpturen, symbolischen Gegenständen und Relikten von Expeditionen um die Kunst des Bergsteigens, das Verhältnis von Mensch und Berg und die Geschichte des Alpinismus. Auf Schloss Juval, das Messner im Sommer als Wohnsitz nutzt und das währenddessen geschlossen ist, geht es mit Buddha-Skulpturen und tibetischen Ausstellungsstücken um den Buddhismus und den Mythos Berg. Es wird eine Gebetsmühle gezeigt, die Geschichte des tibetischen Königs Gesar Ling erzählt und es sind Masken ausgestellt. Im Dolomites, einem Fort aus dem Ersten Weltkrieg, wird

die Erschließung und Geschichte der Dolomiten thematisiert, im Ortles in Sulden wird das Ewige Eis, Skilauf, Eisklettern, Arktis und Antarktis beleuchtet, während das Alpine Curiosa eine zwölf Quadratmeter kleine Berghütte ist, in der über 13 legendäre Bergsteiger berichtet wird – Messner inklusive. 2011 soll auf Schloss Bruneck das interaktive Museum Ripa eröffnet werden.

www.messner-mountain-museum.it

MMM Firmian
Sigmundskronerstr. 53, 39100 Bozen
Tel: 0039 0471 631264
Dienstag – Sonntag 10.00 – 18.00 Uhr, Montag geschlossen

MMM Schloss Juval
Juval 3, 39020 Kastelbell
Tel: 0039 348 4433871
Palmsonntag bis 30. Juni und
1. September bis zum ersten Sonntag im November: 10.00 – 16.00 Uhr, Mittwoch geschlossen

MMM Dolomites
Località Monte Rite
32040 Cibiana di Cadore
Tel: 0039 0435 890996
1. Juni – 4. Oktober: 10.00 – 13.00 Uhr und 14.00 – 17.00 Uhr

MMM Ortles
c/o Yak & Yeti
39029 Sulden
Tel: 0039 0473 613577
Ende Mai – Mitte Oktober: 14.00 – 18.00 Uhr, Dienstag geschlossen

MMM Ripa
Schloss Bruneck
39031 Bruneck
Tel: 0039 0471 631264

Museum Passeier
Bis heute wird Andreas Hofer (1767 – 1810) als Nationalheld gefeiert. Der Gastwirt wurde zum Anführer der Tiroler Aufstandsbewegung, die von 1809 an gegen die bayerische und französische Besatzung Südtirols kämpfte. Das Museum Passeier, das in St. Leonhard, dem Geburtsort des Freiheitskämpfers, steht, zeigt einen Dokumentarfilm über Hofer und den Tiroler Aufstand und Ori-

ginalgegenstände. Es hat auch eine volkskundliche Sammlung und ein Freilicht-Gebäude. Der Fokus liegt jedoch auf Hofer und dem Ausstellungs-Parcours „Helden & Hofer", der sich durch den ersten Stock zieht.

Passeirerstraße 72
39015 St. Leonhard in Passeier
Tel: 0039 0473 659086
www.museum.passeier.it
15.03. – 02.11. Dienstag – Sonntag
10.00 – 18.00 Uhr, Montag geschlossen

STIEGEN ZUM HIMMEL: ROMANISCHE FRESKENMALEREI

Auf der alpinen Romantikstraße mit dem bildlich schönen Namen „Stiegen zum Himmel" kann man in Südtirol, Graubünden und im Trentino auf den Spuren des Mittelalters zu 29 kunsthistorisch wichtigen Orten wandeln, zu trutzigen Burgen, prunkvollen Rittersälen, imposanten Schlössern und farbenfroh ausgemalten Kirchen.

Südtirols Hochburg romanischer Wandmalerei ist der Vinschgau, wo die Fresken von Himmel und Hölle und in blühenden Farben noch besonders gut erhalten sind. Zusammen mit den romanischen Malereien im Schweizer Graubünden gehören sie zu den einzigartigen Kulturschätzen Europas dieser Zeit.

Ganz beeindruckend: die Kryptafresken im Kloster Marienberg bei Mals, die unter anderem auch die Malereien in der Burgkapelle von Hocheppan bei Bozen beeinflusst haben. Oder die kleine Kirche St. Prokulus in Naturns, die nicht nur die ältesten Fresken des deutschsprachigen Raumes beherbergt, sondern deren einmalige Malereien ein bis heute ungelöstes Rätsel bergen. Zu den romanischen Stätten zwischen Mals und Bozen kommt man bequem mit der Vinschgerbahn. Wer im Südtiroler Unterland unterwegs ist, sollte unbedingt einen Blick in das Kirchlein St. Jakob zu Kastelaz werfen.

Infos unter:
www.stiegenzumhimmel.it

Kloster Marienberg
Schlinig 1, 39024 Mals
www.marienberg.it
Mitte Mai – Ende Oktober: Montag – Samstag geöffnet, Krypta ist nur zu Gebetszeiten zu besichtigen

Burgkapelle Schloss Eppan
39050 Missian/Eppan
Ostern – Anfang November:
10.00 – 17.30 Uhr, Mittwoch
geschlossen, täglich Führungen

St. Prokulus, St. Prokulusstr. 1
39025 Naturns
www.prokulus.org

Anfang April – Anfang November:
Dienstag – Sonntag 9.30 – 12.00 Uhr
und 14.30 – 17.30 Uhr

St. Jakob zu Kastelaz
39040 Tramin
Mitte März – Anfang November:
Täglich 10.00 – 18.00 Uhr
Führungen: Freitag 11.00 Uhr

DIE GÄRTEN VON SCHLOSS TRAUTTMANSDORFF

Die Gärten von Schloss Trauttmansdorff begeistern durch ihre außergewöhnliche Vielfalt. In sonniger Hanglage oberhalb von Meran sind auf zwölf Hektar mehr als 80 bunte Gartenlandschaften aus der ganzen Welt angepflanzt und man kann hier problemlos gleich mehrere Stunden verbringen. Laub- und Nadelhölzer aus Nord- und Südamerika oder Ostasien verströmen einen Hauch von Exotik, Olivenhaine, Zypressen und Zitrusfrüchte mediterranes Flair. Es duftet herrlich nach Lavendel, Rosmarin, Thymian und Salbei, und am Wüstenhügel wachsen riesige Kakteen, Aloen und Agaven. Von April bis Oktober kann man hier bezaubernde Düfte einatmen, durch den Renaissancegarten flanieren, sich im Irrgarten verlaufen oder im heimischen Weinberg die berühmte „Versoaln-Rebe", die vermutlich größte und älteste der Welt bestaunen. Mitten im Grünen thront das Schloss Trauttmansdorff, in dem bis ins 19. Jahrhundert die Grafen residierten und die junge österreichische Kaiserin Sissi ihre Wintermonate verbrachte. Heute beherbergt das Schloss das Südtiroler Landesmuseum für Tourismus (Touriseum).

St.-Valentin-Str. 51 a, 39012 Meran
Tel: 0039 0473 235730
www.trauttmansdorff.it
April – Oktober: 9.00 – 19.00 Uhr,
Juni – August: Freitag bis 23.00 Uhr,
1. – 15. November: 9.00 – 17.00 Uhr

TROSTBURG

Die Trostburg im Eisacktal ist eine der bekanntesten und schönsten Burgen Südtirols. Sie thront auf einem Felsvorsprung oberhalb von Waidbruck/Ponte Gardena kurz vor dem engsten Teil des Eisacktals und jeder, der vom Norden über den Brenner Richtung Süden kommt, fährt automatisch an ihr vorbei. Von weitem erinnert sie an eine Spielzeugburg aus Kindertagen. Will man sie in ihrer Größe und Pracht aus der Nähe bestaunen, kann man am Dorfplatz von Waidbruck parken und entweder den etwas steilen, aber schönen mittelalterlichen Rittersteig, der von der Pfarrkirche direkt zur Burg führt, oder bequemer nach dem Friedhof die asphaltierte Straße gehen. Beide Wege dauern ca. 20 Minuten zu Fuß.

Im Innern der Burg, die einst im Besitz des Grafen von Wolkenstein war, beeindrucken heute noch romanische Tür- und Fensterbögen, prunkvolle Säle und Getäfel aus dem 16. und 17. Jahrhundert sowie Stuck und Renaissance-Interieur und die großartige gotische Stube mit ihrer reich verzierten Balkendecke.

Burgfrieden-Weg 22
39040 Waidbruck
Tel: 0039 0471 654401
Gründonnerstag bis Ende Oktober geöffnet
Besichtigung nur mit Führung:
11.00 Uhr, 14.00 Uhr und 15.00 Uhr

BERGPANORAMA VOM KNOTTNKINO

Das Knottnkino liegt auf dem Rotsteinkogel oberhalb von Meran und zeigt den längsten Film, den ein Kino zeigen kann. Das Drehbuch ist von der Natur geschrieben und die Hauptdarsteller sind die Berge. Der Künstler Franz Messner hat in 1.465 Metern Höhe 30 Kinosessel auf einem Felsvorsprung, auf südtirolerisch „Knottn", aufgestellt. Aus Kastanienholz und in Klappsitzoptik versprühen sie den Charme eines alten Kinos. Kaum hat man auf einem Sitz Platz genommen, geht's schon los. Filme, die das Wetter schreibt, auf einer Leinwand, die von der Ortlergruppe über das Etschtal bis zu den Dolomiten alles überblickt. Ein atemberaubendes Panorama aus Tälern, Gipfeln und Himmel, das sich mit Licht und Jahreszeiten immer wieder ändert. Besonders atmosphärisch ist es am späten Nachmittag, wenn ein Hauch Föhn in der Luft liegt, die Wolken sich rosa färben und unten im Tal die Lichter angehen.

Wandermöglichkeiten: Vom Gasthaus Grüner Baum in Vöran den Schützenbrünnlweg Nr. 12A entlang über das sonnige Hochplateau des Tschögglberges bis zum Knottnkino (ca. eine Stunde). Oder bequemer vom Parkplatz oberhalb des Gasthofes „Alpenrose" in ca. 30 Minuten.

KULINARISCHE SPEZIALITÄTEN

Äpfel

Jeder zehnte Apfel, den wir essen, kommt aus Südtirol, dem größten Obstgarten Europas. Die mediterran-mitteleuropäischen Klimabedingungen mit 300 Sonnentagen sind einfach ideal für den Obstanbau. Von Jonagold und Golden Delicious bis zu Morgenduft wachsen viele Apfelsorten dort. Wer alte Sorten wie Lederäpfel, Herbst- und Winterkalvill oder Weirouge sucht, wird vor allem auf den Bergbauernhöfen Südtirols fündig. Am besten schmecken sie frisch gepflückt vom Baum, aber es gibt auch viele Südtiroler Apfelspezialitäten vom naturgepressten unverfälschten Apfelsaft und -essig über Apfelküchlein und -brot bis zum Apfelobstbrand.

Speck

Das Nationalgericht der Südtiroler, gleich 128 Sorten gibt es davon. Ent-

standen ist der Speck vor Jahrhunderten aus der Notwendigkeit heraus, Fleisch haltbar zu machen und den harten Winter zu überstehen. Noch heute produziert in Südtirol fast jeder Bergbauer seinen eigenen Speck. Der beste ist der Südtiroler Bauernspeck, der ausschließlich von heimischen Schweinen stammt und für den nach alter Tradition möglichst das ganze Tier verwertet wird. Man erkennt ihn am blauen Gütesiegel.
(siehe S. 190)

Kaminwurzn
Das sind luftgetrocknete und mild geräucherte Würste aus Rindfleisch und dem Rückenspeck vom Schwein und sie dürfen in Südtirol in keinem Wanderrucksack fehlen. Besonders gut schmecken sie zu würzigem Schwarzbrot oder knackigem Schüttelbrot.

Knödel
Es gibt sie in allen möglichen Varianten und sie werden zu jeder Tageszeit gegessen. Ob als Knödelsalat, als Beilage zum Hirschgulasch oder als Dreierlei (Knödeltris) mit Käse, Speck, Spinat und schließlich in süßer Form mit Marillen gefüllt. Insgesamt sind 36 herzhafte und süße Knödel in Südtirol bekannt und in der Burgenkapelle von Hocheppan ist er sogar Teil eines Freskos, in Form einer Knödel essenden Magd.
Ganz wichtig: Knödel werden immer mit der Gabel zerteilt und nicht mit dem Messer geschnitten. Denn Letzteres ist eine Beleidigung für den Koch.

Schlutzkrapfen
Südliche und nördliche Einflüsse mischen sich bei den Schlutzkrapfen, die man in kleinerer Version als italienische Ravioli kennt. Die Teigtaschen aus Weizen- und Roggenmehl sind mit Spinat gefüllt und werden mit Butter und Parmesan serviert. Auf der Karte stehen sie oft auch als Schlutzer, wie man sie umgangssprachlich in Südtirol nennt.

Schüttelbrot
Der Inbegriff der Südtiroler Brotkultur. Ein dünnes, knuspriges Fladenbrot aus Roggenmehl und mit typischen Gewürzen wie Anis, Koriander oder Kümmel, das hart ist und lange haltbar. Seinen Namen hat es daher, dass die Teigstücke vor dem Backen auf einem Brett ausgeschüttelt werden. Serviert wird es zu Brettl Jausen und ist die perfekte Unterlage für Käse und Speck.

Strauben

Auf Almhütten ab 1.600 Meter Höhe stehen Strauben auf der Karte und sie werden an Festtagen und auf Dorffesten gegessen. Eine traditionelle Süßspeise aus Mehl, Milch, Butter, Eiern und Schnaps. Als ineinander geschlungene Teigwürste werden sie in heißem Fett ausgebacken und mit Puderzucker und Preiselbeeren serviert.

Gemüse

Kartoffel, Rote Rübe, Blumenkohl, Radicchio, Kohl und Sauerkraut gehören zu den Gemüsesorten mit dem Qualitätszeichen „Südtirol". Weißkohl, die Basis für das beliebte Sauerkraut beim herbstlichen Törggelen, gedeiht in den Höhenlagen des Vinschgaus besonders gut, genauso wie der Blumenkohl, der es bis auf alle wichtigen Märkte von Turin bis Neapel schafft. Kartoffeln und Rüben hingegen wachsen besonders gut im Pustertal.

Brände

Edle Brände mit feinen Duft- und Geschmacksnuancen reifer Früchte kommen aus den klimatisch verwöhnten Obstgärten Südtirols. Zu den Obstbrand-Klassikern gehören Äpfel-, Williams- und Marillenbrände, außergewöhnlicher und herbfruchtig im Geschmack sind die Brände von Schlehen oder Vogelbeeren.

TÖRGGELEN IN BUSCHENSCHÄNKEN

Kastanien, Wein und Wandern heißt es, wenn die Südtiroler im Herbst „Törggelen". Ein beliebter, genussvoller Brauch, auf den man sich schon den ganzen Sommer über freut. Nach einer Wanderung durch die bunt gefärbte Herbstlandschaft kehrt man in bäuerliche Schankbetriebe, sogenannte Buschenschänken, oder beim Weinbauern ein und genießt dort den „Nuien", den jungen eigenen Wein. Dazu werden vor allem „Kestn", über dem Feuer geröstete Kastanien, hausgemachter Speck, Hauswürste mit Sauerkraut und Knödel serviert. Anfang Oktober, sobald die ersten Trauben geerntet sind, fängt das Törggelen an und geht bis zum Beginn der Adventszeit.

Der Ursprung des Törggelen liegt vermutlich im Eisacktal, als der Weinbauer im Tal den Sommer über sein

Vieh auf den Almen des Bergbauern weiden ließ und sich nach dem Abtrieb im Herbst mit einem Bauernschmaus und neuem Wein revanchierte. Und als Zeichen dafür, dass nun der junge Wein probiert werden konnte, wurde ein Wacholderstrauß, in Südtirol auch „Buschen" genannt, an die Tür gehängt und wieder eingezogen, als die Saison vorbei und der hauseigene Wein verkauft war. Daher kommt auch die Bezeichnung „Buschenschank".

Insgesamt 180 Tage im Jahr öffnen die Bauern ihre Stuben zum Verkosten ihrer Weine und hausgemachten Spezialitäten.

Ganz wichtig: Zum Törggelen gehört nicht nur das köstliche Essen und der erfrischende Wein im Buschenschank, sondern vor allem auch die Wanderung dorthin.

MARENDE

Marende heißt die wohlverdiente Mahlzeit der Bauern vor allem im Herbst zur Erntezeit, im Weinberg, auf der Obstwiese oder nach der Heimkehr vom Feld. In Buschenschänken und beim Törggelen kann man sie jederzeit bekommen. Zu einer guten Südtiroler Marende gehören Speck, Kaminwurzen, verschiedene heimische Käsesorten und Hauswurst, dazu Gurken, eingelegtes Gemüse, Kren und Schüttelbrot – und ein Glas Hauswein.

ROTER HAHN

Der Rote Hahn ist ein Südtiroler Gütesiegel, ein „bäuerlicher Feinschmecker", der Einheimischen und Südtirol-Besuchern den Weg zu den

besten Höfen und Buschenschänken weist. 1999 wurde er vom Südtiroler Bauernbund ins Leben gerufen, um die Südtiroler Lebensart zu unterstützen. Der Rote Hahn steht für Qualität, Nachhaltigkeit und Respekt den eigenen Wurzeln gegenüber und erinnert an Carlo Petrinis orangefarbene Slow-Food-Schnecke.
Über 1.400 Biohöfe und bäuerliche Schankbetriebe tragen das Zeichen und aus fast 50 Bauerngärten kommen Südtiroler Qualitätsprodukte wie getrocknete Marillen, Alpenkräutertee oder Schwarzbeermarmelade.

Infos unter: www.roterhahn.it

MÄRKTE

In ganz Südtirol finden wöchentlich kleine Märkte in den Dörfern statt und alle bieten sie Köstliches vom Bauern und aus der Region.

Hier ein Überblick:
Montag: St. Pauls bei Eppan
Dienstag: Toblach, St. Michael bei Eppan, Prad
Mittwoch: Bruneck, Kaltern, Mals
Donnerstag: Girlan, Schlanders
Freitag: Olang, Meran, Bozen (Rathausplatz), Latsch
Samstag: Bozen (Siegesplatz)

Bozner Obstmarkt
Besonders empfehlenswert ist der Obstmarkt in der Bozner Altstadt, dessen Stände sich von der Museumstraße bis zur Laubengasse ziehen. Seit Jahrhunderten ist der Markt Treffpunkt von Einheimischen und Touristen. Von knackigen Südtiroler Äpfeln über heimische Käse von Bauern bis zu Meranern am berühmten Würstlstand am Anfang des Marktes kann man hier so ziemlich alle kulinarischen Highlights der Region finden.

Montag – Freitag 8.00 – 19.00 Uhr,
Samstag bis mittags

WEINE AUS SÜDTIROL

Südtirol ist das älteste Weinbaugebiet im deutschsprachigen Raum und das kleinste Italiens. Die Römer haben hier gelernt, den Wein in Holzfässer abzufüllen, und später gründeten deutsche Klöster im Tiroler Süden ihre Weinhöfe.

20 verschiedene Rebsorten und kräftige Alpenweine mit mediterranem Charme sind das Ergebnis aus 300 Sonnentagen im Jahr und wechselnden Boden- und Klimabedingungen zwischen 200 und 1.000 Höhenmetern.

Ursprüngliche Südtiroler Rebsorten:

Gewürztraminer

Der Gewürztraminer ist ein Weißwein, der das alpin-mediterrane Mikroklima Südtirols braucht, genauso wie warme, sandige und lehmige Böden, am besten in Hanglage. Er stammt aus dem Weindorf Tramin an der Südtiroler Weinstraße und seine Rebe hat von hier aus die ganze Welt erobert. Er wird auch Roter Traminer genannt, weil die Beeren der Traube nicht gelbweiß, sondern rötlich sind. Würzig und körperreich, mit Geschmacksnoten von Rose, reifen Früchten und Gewürznelken, von intensiv goldgelber Farbe und mit leichter Restsüße im Abgang, passt er hervorragend als Aperitif oder Dessertwein zu Hummer, Pasteten, würzigen Vorspeisen und Fisch.

Lagrein

Die Lagrein-Rebe wurde bereits im 17. Jahrhundert in Urkunden des Benediktiner-Klosters Muri im Bozner Ortsteil Gries erwähnt und ist der Liebling unter den Südtiroler Rotweinen, in dem sich das sonnenverwöhnte Land in seiner ganzen Schönheit spiegelt.

Man erkennt ihn an seiner sehr dunklen granat- oder rubinroten Farbe. Lagrein ist vollmundig und kräftiger, duftet nach Veilchen, schmeckt nach Kirsche und Brombeere und am Schluss entdeckt man manchmal noch einen feinen Geschmack von dunkler Schokolade. Er passt perfekt zu kräftigen Fleischgerichten, Wild und würzigem Käse.

Vernatsch

Die häufigste rote Rebsorte in Südtirol und vor allem als Kalterer-See-Auslese ein Begriff oder als St. Magdalener aus den Lagen rund um Bozen. Unter Weinkennern hatte er lange den Ruf eines Massen- oder Zechweines. Mittlerweile kellern junge Winzer aus der Südtiroler Traube einen zwar leichten, aber doch eleganten Rotwein. Besonders gut passt der hellrubinrote Wein zu Vorspeisen, Speck, Wurst, mildem Käse und Brot, und weil er so mild ist, kann man sich auch gut mal ein Gläschen zwischendurch genehmigen.

SÜDTIROLER WEINSTRASSE

Die Südtiroler Weinstraße (ital. Strada del Vino dell'Alto Adige) wurde 1964 gegründet und ist eine der ältesten Weinstraßen Italiens. Die Panoramastraße beginnt in Nals und zieht sich in sanften Schleifen von Bozen über das Überetsch nach Süden ins Unterland und bis nach Salurn. Immer wieder gibt sie den Blick auf malerische Reblandschaften frei mit historischen Weindörfern, modernen Weingütern und einer Vielzahl an beeindruckenden Burgen und Schlössern, die sich an die Hänge schmiegen. Ungefähr zwei Drittel der Südtiroler Weine stammen aus Kellereien an der Weinstraße.

An der Weinstraße liegen die Gemeinden Nals, Terlan, Andrian, Eppan, Kaltern, Tramin, Kurtatsch, Margreid, Kurtinig, Auer, Montan, Neumarkt, Pfatte, Salurn und die Landeshauptstadt Bozen.

Mit dem Rad durch die Weinberge
Ein besonderer Genuss ist es, durch das Gebiet um die Südtiroler Weinstraße zu radeln. Nicht nur wegen der vielen Obstbauern und Weinhöfen, bei denen man zwischendurch einkehren kann, auch wegen der vielseitigen Landschaft: ob auf ebenen Wegen entlang der Etsch, durch weitläufige Apfelplantagen, bunte Wiesen und schattige Laubwälder, über leicht hügelige Weinberge und durch das mediterrane Unterland.

Infos zu Radwegen:
www.suedtiroler-weinstrasse.it

ALPINE WELLNESS: HEUBADEN

Nach einem langen Wandertag in den Bergen gibt es nichts Erholsameres für müde Beine als ein Südtiroler Heubad. Seine Wirkung wurde schon vor 100 Jahren entdeckt, als sich die Bauern abends nach dem Mähen erschöpft ins frische Heu legten und wunderbar erfrischt aufwachten. Frisch gemäht wird frühmorgens, wenn noch alle ätherischen Öle im Gras enthalten sind. Tradition hat das Heubad in Südtirol überall, wo es saftige Almwiesen gibt, zum Beispiel im Vinschgau, am Schlern, im Pustertal- oder Sarntal. Zu den wichtigsten Kräutern gehören Frauenmantel, Bergschafgarbe, Arnika, Enzian oder Fingerkraut. Und gut getrocknet kann man Heubäder in Südtirol nicht nur zur Heuernte, sondern auch das ganze Jahr über genießen.

SOMMERFRISCHE PAR EXCELLENCE

Der Begriff der Sommerfrische soll auf dem Ritten, dem hügeligen Hochplateau mit idyllischen Bergdörfern und Bauernhöfen zwischen samtiggrünen Wiesen und Lärchenwäldern, geprägt worden sein. Schon seit Jahrhunderten ist er sommerliches Rückzugsgebiet der Bozner, die, wenn es zum Sommeranfang in der Stadt so richtig heiß wird, hinauf in die knackige Frische am Berg flüchten.

Traditionell dauerte die Sommerfrische genau 72 Tage. Pünktlich am 29. Juni, dem Peter- und Paulstag, verstauten die wohlhabenden Bozner Familien Hausrat und Wäsche in Truhen und Schachteln, packten die Kinder in geflochtene Tragekörbe und zusammen mit der gnädigen Frau ging es in luftige Höhen zur zweiten Residenz, dem Rittner Sommerdomizil. Genauso pünktlich und plötzlich, wie die Frischler im Juni alljährlich auftauchten, verschwanden sie dann spätestens Anfang September zu Mariä Geburt wieder. Dann wurden Fensterläden und Türen verriegelt, Bänke und Tische wieder in die Häuser gebracht, und bevor das erste Laub gefallen war, war man längst wieder unten im Tal.

Drei Seilbahnen schwingen sich in wenigen Minuten vom bergumkränzten Talkessel auf mehr als 1.000 Meter luftige Höhen und bringen die Städter und Südtirol Besucher bequem ins Sommerfrischeparadies von Ritten, Kohlern und Saltener Hochplateau. Die Kohlerer Bahn, seit 1908 in Betrieb, ist sogar die älteste Personenseilbahn der Welt und einmal sollte man sich von ihr im nostalgischen Stil auf den Kohlern bringen lassen und sich von seiner grandiosen Aussicht auf Bozen und das beeindruckende Bergpanorama verzaubern lassen.

DIE SCHÖNSTEN WANDERUNGEN

Eisacktaler Keschtnweg

Ein Band von Kastanienhainen (südtirolerisch: Keschtn) zieht sich von Vahrn bei Brixen und an den Hängen des Eisacktals entlang bis hin zum Rittner Hochplateau und wieder hinunter in den Bozner Talkessel bis zur legendären Bilderburg Runkelstein. Dazwischen liegen farbenprächtige Mischwälder, sattgrüne Wiesen, einsame Kirchen und urige Berggasthöfe.

Insgesamt kann man sechs Streckenabschnitte auf dem Eisacktaler Keschtnweg erwandern, alle gut ausgeschildert und markiert und pro Abschnitt ist man zwischen vier und fünf Stunden unterwegs.

Unsere Lieblingsstrecken:
Abschnitt 4: Auf ihm liegen die idyllischen Sommerfrischedörfer Barbian und Bad Dreikirchen, die tosenden Barbianer Wasserfälle und als wunderbare Einkehrmöglichkeit für beste Knödel und Holunderschorle und in völliger Bergeinsamkeit das Briol. (siehe S. 110)

Abschnitt 5: Hier kommt man an der St. Verena Kirche vorbei, die ganz malerisch auf einem der schönsten Aussichtsplätze des Ritten steht, durchquert das Feuersalamandertal zwischen Unterinn und Rielinger und kann die berühmten Erdpyramiden bestaunen.

Aufs Rittner Horn

„Wer Tirol mit einem Blick will übersehen, der besteige diese Höhen." So hat der Alpinist Ludwig Purtscheller Ende des 19. Jahrhunderts das traumhafte Panorama vom Rittner Horn beschrieben.

Die Bergtour zu einem der beeindruckendsten Aussichtspunkte der Alpen kann man im Dorf Oberinn starten, von hier über die Wanderwege Nr. 4A und 4 hinauf zum Rosswagen auf 1.700 Meter Höhe kraxeln und von dort weiter über die Schönalm zum Unterhornhaus (2.040 m). Auf dem Wanderweg Nr. 1 kann man die letzten 200 Höhenmeter zum Oberen Horn, dem Rittner Horn (2.260 m) nehmen. Zurück geht es dann wieder auf der Nr. 1 bis Pemmern und von dort über die Nr. 25 und Nr. 10 nach Oberinn zum Ausgangspunkt.

39050 Oberinn/ Rittner Horn
zwischen 1.300 bis 2.260 Meter
Mai – Oktober
ca. 6 Stunden

Durch die Bletterbachschlucht

Eine traumhafte Wanderung durch Südtirols größte Schlucht, den Bletterbach Canyon. Der Bletterbach hat hier im Laufe von Jahrtausenden einen Canyon von acht Kilometern Länge und 400 Metern Breite geformt und ihn zu durchqueren, ist ein einzigartiges Erlebnis. Denn die Schlucht bietet einen faszinierenden Einblick in das Altertum der Erdgeschichte und den Aufbau und die Entstehung der Dolomiten.

Die Wanderung können Sie bei der Lahneralm in Aldein beginnen und ihr Auto auf dem Waldparkplatz unterhalb abstellen. Auf dem Waldweg Nr. 3 geht's gleich steil hinunter zum Grund der Schlucht, dann entlang des Baches, auf nicht immer erkennbaren Wegen schluchtaufwärts bis zum Wasserfall und über Metalltreppen hinauf zur Aussichtsplattform und dem oberen Schluchtabschnitt. Weg Nr. 4 führt von dort an der Quelle „Flascher Brünnl" vorbei und durch Wald- und Forstwege kommen Sie wieder zum Ausgangspunkt zurück.

Aldein, Unterland
zwischen 1.420 bis 1.600 Meter
Mai – Oktober
ca. 3 Stunden

Seiser Alm

Die Seiser Alm ist mit einer Fläche von 8.000 Fußballfeldern die größte

Hochalm Europas und zählt zu den schönsten Wandergebieten Südtirols. Auf ihr liegen bekannte Feriendörfer wie Kastelruth, Seis und Völs, die jährlich über eine Million Besucher anlocken – und jede Menge Wanderwege, mit atemberaubendem Blick auf die Dolomitenzacken des Schlern, mit der Rosengarten- und Langkofelgruppe und einem unvergesslichen Farbenspiel von Sonne und Wolken.

Einer der schönsten Flecken und Geheimtipp von Joseph Perwanger, Senior vom Zirmerhof, ist die Murmeltierhütte auf 2.150 Meter Höhe. Ganz idyllisch liegt sie im östlichsten Teil der Seiser Alm, direkt unter dem Plattkofel, und ist von leuchtenden Almwiesen, dunkelgrünen Wäldern und einer unglaublichen Ruhe umgeben. Zu ihr wandert man von Compatsch aus, dem letzten Dorf, das man mit dem Auto anfahren kann, über Saltria und von dort am Zallinger Berghaus vorbei (ca. 6 Stunden). Wer nicht so viel Zeit hat, kann von Compatsch aus auch den Postbus nach Saltria nehmen und von dort den Florianlift. Von der Liftstation sind es dann noch 15 Minuten zu Fuß bis zur Hütte. Hier wird man empfangen von der Gastfreundschaft von Familie Hilpold, köstlichen hausgemachten Graukäsen oder Kaiserschmarrn. Und mit etwas Glück kann man auch noch Murmeltiere ganz nah sehen.

Besonderes Seiser-Alm-Feeling: die Rundblicke auf die beeindruckenden Berggipfel von einem der blonden Haflinger aus, die man auf der Seiser Alm reiten kann.

Murmeltierhütte, Saltria
39040 Seiser Alm
Tel: 0039 338 7604693
Mitte Juni – Mitte Oktober

Mehr Infos unter: www.seiseralm.it

DOLOMITEN – WELTNATURERBE SÜDTIROL

Die Dolomiten sind als Gebirgslandschaft einzigartig. Nicht nur durch ihr majestätisch-bizarr anmutendes Aussehen, vor allem auch durch ihre einmalige Geologie. Versteinerte Korallenriffe erheben sich aus dem abgesunkenen Urmeer und machen die Dolomiten zu Südtirols berühmtesten Bergen. Für Le Corbusier waren sie das „schönste Bauwerk der Welt". Seit 2009 gehören sie zur Unesco-Liste der besonders schützenswerten Naturdenkmäler. Auf Postkarten gehen die „Drei Zinnen" um die Welt, Luis Trenker setzte in seinen Bergfilmen dem Langkofel ein Denkmal und fährt man beispielsweise mit dem Auto von Toblach über Cortina d'Ampezzo nach Corvara, eröffnen sich einem immer wieder neue Traumkulissen. Ihre wahre Schönheit offenbart sich aber erst, wenn man einen Fuß in diese zauberhafte bleiche Bergwelt setzt und einfache bis anspruchsvolle Wanderungen und Klettertouren unternimmt.

Atemberaubende Aussichten bieten sich vom Sass Pordoi (2.950 m), von hier überblickt man den Sellastock und den Langkofel, die berühmte Marmolada und die Dolomiten von Cortina. Vom Lagazuoi (2.800 m) aus kann man die Sagenwelt von Fanes und die schönen Tofane erblicken und auf der Forcella Staunies (2.930 m) in der Cristallo-Gruppe eröffnen sich einem die Gipfel der Ampezzaner Dolomiten. Seilbahnen vom Pordoijoch führen zu ihnen.

Wanderung zur Dreizinnenhütte

Eine landschaftlich großartige Höhenwanderung im Hochpustertal und mit Blick auf das wohl meistfotografierte Dolomiten-Motiv, die grandiosen Nordwände der Drei Zinnen. Ausgangspunkt ist der Parkplatz beim Dolomitenhof im Sextener Fischleintal. Von hier wandert man auf gleicher Höhe bis zur Talschlusshütte (1.548 m). Rechts führt der Weg 102/103 ins Altensteintal hinauf bis zur Wegteilung und von dort auf dem Weg 103 weiter über das Bacherntal bis zur Zsigmondyhütte (2.235 m) hinauf. Hier wird man mit traumhaften Ausblicken auf die Berglandschaft des Elfer- und Einserkofels und das mächtige Massiv des Zwölferkofels belohnt. Von der Zsigmondyhütte führt der Weg 101 dann über felsige Böden westwärts zum Oberbachernjoch und weiter rechts zur Büllelejochhütte (2.530 m) und zum Büllelejoch. Nordseitig geht es von hier über Geröll ein Stück steil hinunter und dann wieder eben weiter bis zur großen Dreizinnenhütte (2.438 m) – mit grandiosem Ausblick. Von hier kann man den Rückweg antreten nordwärts über den Weg 102 und die Bödenalm und anschließend durch das Altensteintal wieder ins Fischleintal hinabwandern.

Fischleintal, 39030 Sexten
zwischen 1.450 bis 2.530 Meter
Juni – September
ca. 7 1/2 Stunden
www.dreizinnenhuette.com

AUCH IM WINTER

Von Anfang Dezember bis Mitte April ist Südtirol ein Paradies für Wintersportler. Skihänge, Loipen und Rodelpisten geben Bergansichten zwischen 1.000 und 3.000 Meter Höhe frei.

Südtirols Skiberg Nummer Eins ist der 2.275 Meter hohe Kronplatz mit einem 360-Grad-Rundblick, 105 Pistenkilometern und sechs Abfahrten, darunter die Hernegg-Piste, die sich über fünf Kilometer und in weiten Schleifen vom Gipfel bis ins Tal hinunterwindet.

Der Skiverbund „Dolomiti Superski" gehört mit insgesamt 1.200 Pistenkilometern zum größten Skikarusell weltweit. Unter Skifahrern am bekanntesten ist die Sellaronda-Tour, die mit 26 Kilometer Piste über die vier Dolomitenpässe Gröden, Alta Badia, Arabba und Fassatal rund um das beeindruckende Sellamassiv führt.

Und wer das ganze Jahr über Ski fahren möchte, kann das problemlos auf dem Schnalstaler Gletscher in 3.200 Metern Höhe und auf insgesamt 35 Pistenkilometern, mit wunderbar breiten Pisten zum Carven bis hin zur anspruchsvollen acht kilometerlangen Talabfahrt.

FILMTIPP

Bergblut (2010),
Regie: Philipp J. Pamer

Das preisgekrönte Spielfilmdebüt des jungen Südtiroler Regisseurs dreht sich um die Freiheitskämpfe, die 1809 in seiner Heimat tobten. In dieser Zeit kehrt die Bayerin Katharina mit ihrem Mann Franz nach Südtirol zurück. Während Franz sich Andreas Hofer anschließt und in den

Kampf gegen die bayerische und französische Besatzung zieht, bleibt Katharina alleine auf dem Hof der Schwiegereltern zurück. Missgunst schlägt ihr entgegen, sie ist einsam und sehnt sich nach ihrem Mann. Als dieser zurückkehrt, macht sie ihn durch eine List kampfunfähig und löst damit ein Drama aus. Die Mischung aus Liebesgeschichte und Historienfilm gefiel dem Publikum des Münchner Filmfestes 2010 so gut, dass sie das Alpendrama zu ihrem Lieblingsfilm wählten.

BUCHTIPP

Der Himmel über Meran,
von Joseph Zoderer

Der Meraner Schriftsteller, der heute im Pustertal lebt, ist die literarische Stimme Südtirols. Klar und ausdrucksstark, entblätternd und zärtlich zeichnet er das Bild einer Region mit vielen Identitäten. Auch in diesem Erzählband mit sechs Geschichten. Sie drehen sich um das Weggehen in den verschiedensten Variationen, um die Südtiroler Optionszeit, um die Begegnung mit einer alten Geliebten, erzählen von der Südtiroler Gesellschaft und von Meran und der Landschaft drum herum. Keine leichte Kost, aber sehr eindringlich. Geschrieben in klaren knappen Sätzen, die direkt in die Seele der Dinge zielen.

Der Tote im Fels, von Kurt Lanthaler
Tschonnie Tschenett ist der eigensinnige Held einer ganzen Reihe von Krimis. Hier nimmt der raubeinige Gelegenheitsarbeiter einen Job als LKW-Fahrer an und ist schon bald in einen Mordfall verstrickt. Als man beim Bau des Brenner Basistunnels einen Toten findet, steckt Tschonnie heimlich dessen Papiere ein und ist bald tief in eine politische Verschwörung verwickelt. Knackige Krimikost mit südtirolerisch eingefärbten Dialogen und italienischen Satzbrocken, mit Anspruch und Einblick in das Selbstverständnis Südtirols.

PERSÖNLICHKEITEN

Andreas Hofer (1767 – 1810)

Der Gastwirt aus dem Passeiertal, der unter der Besatzung Südtirols zum Freiheitskämpfer wurde, ist sicherlich der berühmteste Sohn der Region. Das Andreas-Hofer-Lied gilt als Hymne Südtirols, es gibt ein Museum, 2009 wurde das Andreas-Hofer-Jahr begangen und regelmäßig werden Feste zu seinem Andenken gefeiert. 1809 hat er mit seinen Leuten die Franzosen und Bayern aus Südtirol vertrieben und dem Land für kurze Zeit die Freiheit gebracht. In einer vierten Schlacht schließlich unterlag er, war aber dennoch nicht zur Unterwerfung bereit und floh mit seiner Frau und seinem Sohn auf die Pfaundleralm. Dass sein Versteck verraten wurde, trägt sicherlich zum Heldenmythos bei. 1810 wurde Hofer auf Befehl Napoleons in Mantua erschossen.

Luis Trenker (1892 – 1990)

Ein Zufall brachte den leidenschaftlichen Bergsteiger und studierten Architekten zum Film. 1921 wurde Luis Trenker für Dreharbeiten an dem Film „Berg des Schicksals" als Bergführer engagiert und als der Regisseur Arnold Fanck merkte, dass sein Hauptdarsteller nicht klettern konnte, bat er Trenker einzuspringen. Das war der Start zu Trenkers Filmkarriere, der bald darauf auch hinter die Kamera wechselte und Regie führte, Klassiker wie „Der Berg ruft" und „Berg in Flammen" drehte, aber auch Krimis, Komödien und Abenteuerfilme. Umstritten ist seine Rolle während des Nationalsozialismus als er zu Goebbels Lieblingsregisseuren zählte und in die NSDAP eintrat, später aber in Ungnade fiel. Im Alter setzte er sich vehement für den Natur- und Umweltschutz ein und gegen den Bau einer Autobahnstraße, die durch das Oberpustertal gehen sollte.

Reinhold Messner (*1944)

Der gebürtige Brixener ist Extrembergsteiger – und vieles, vieles mehr. In seinen Büchern schreibt Reinhold

Messner gegen althergebrachte Auffassungen vom Bergsteigen an, er dreht Filme, züchtet Yaks und eröffnete das Messener Mountain Museum mit gleich fünf Dependancen. In einer wohnt er selbst, dem unter Denkmalschutz stehenden Schloss Juval am Eingang des Schnalstals. Etwas unterhalb liegen auch sein Buschenschank Schloßwirt und der Vinschger Bauernladen.

Messner bereist die ganze Welt, lebt zeitweise in München, aber er kehrt immer in seine Heimat zurück. Sein medienwirksames Auftreten ist nicht unumstritten, sein Engagement für den Umweltschutz und für den Respekt vor den Bergen jedoch hoch gelobt. 2010 verfilmte Josef Vilsmaier in „Nanga Parbat" die Geschichte um den Tod von Messners Bruder Günther, der während einer Expedition mit Reinhold Messner ums Leben kam.

Matteo Thun (*1952)

Der in Bozen geborene und aufgewachsene Architekt und Designer hat sich weltweit einen Namen gemacht – ob mit Espressotassen für Lavazza oder Luxusressorts am Berg. 1981 gründete er mit dem Südtiroler Ettore Sottsass die legendäre Design-Bewegung Memphis, mit der er die reine Funktionalität von Designobjekten in Frage stellte. In den 90ern war er Creative Director bei Swatch und wurde 1994 in die New Yorker Hall of Fame aufgenommen. Thuns Bauprojekte in Südtirol stehen im Einklang mit der Natur. Größe, Formen und Materialien seiner Häuser richten sich immer nach der landschaftlichen Umgebung, den Bäumen und Bergen, in die er sie setzt. Südtiroler Musterbeispiele sind das Vigilius Mountain Ressort bei Lana im Etschtal, das die Form eines liegenden Baumes hat oder die Pergola Residence bei Meran, die er ganz harmonisch in die Weinberge gebettet hat.

MEINE PERFEKTE WOCHE

Montag:

Dienstag:

Mittwoch:

Donnerstag:

Freitag:

Samstag:

Sonntag:

NOTIZEN

NOTIZEN

NOTIZEN

NOTIZEN

NOTIZEN

NOTIZEN

NOTIZEN

LUST AUF DAS WELTWEIT BESTE?

Die Buchreihen „Ein perfektes Wochenende in…" und „Eine Perfekte Woche …" werden vom Online-Cityguide www.smart-travelling.net herausgegeben. Hier finden Sie viele weitere ungewöhnliche Adressen für über 30 Städte und Regionen weltweit. Tipps für Hotels, Restaurants, Cafés, Shops und Aktivitäten – individuell und sorgfältig recherchiert. Denn Smart Travelling zeigt nicht alles und jedes, sondern sucht nach dem Authentischen und Besonderen, nach Orten, die das Flair einer Stadt oder Region ausmachen und uns immer wieder empfangen wie ein guter Freund. Schauen Sie vorbei unter www.smart-travelling.net: Klicken Sie sich durch unseren kulinarischen Best-of-Blog, buchen Sie Ihr Hotel bequem online und freuen Sie sich mit unseren ausgesuchten Tipps von Antwerpen über Rom bis San Francisco auf Ihre nächste Reise.

Erfahren Sie das Neueste von Smart Travelling auf Facebook. Werden Sie jetzt Fan! (facebook.com/smarttravelling)

www.smart-travelling.net